EYEWITNESS *Travel Guides*

HUNGARIAN
PHRASE BOOK

A DK Publishing Book

A DK PUBLISHING BOOK

www.dk.com

Compiled by Lexus Ltd with Laszlo Szigeti

First American Edition, 1999
2 4 6 8 10 9 7 5 3 1

Published in the United States by DK Publishing, Inc.
95 Madison Avenue, New York, New York 10016

DK Publishing books are available at special discounts for bulk purchases
for sales promotions or premiums. Special editions, including personalized
covers, excerpts of existing guides, and corporate imprints can be created
in large quantities for specific needs. For more information, contact
Special Markets Dept./DK Publishing, Inc./95 Madison Ave./New York,
NY 10016/Fax: 800-600-9098.

Library of Congress Cataloging-in-Publication Data

Hungarian phrase book / [compiled] by Lexus Ltd.
with Laszlo Szigeti.
    p.   cm. -- (Eyewitness travel guides)
    ISBN 0–7894–4867–X (alk. paper)
    1. Hungarian Language--Conversation and phrase books--
English. I. Szigeti, Laszlo. II. Lexus (Firm) III. Series.
PH2121.H87 1999
494'.51183421--dc21   99–21843
                                                            CIP

Picture Credits
Jacket: all images special photography Clive Streeter, David Murray and Jules
Selmes except BRITSTOCK IFA: front bottom right; IBT front bottom left;
Eric Bach back left; IMPACT: Martin Black front top right; Ray Roberts front
top left; NEIL SETCHFIELD: front center below/center left below, back right.

Printed and bound in Italy by Printer Trento Srl.

CONTENTS

PREFACE

This *Eyewitness Travel Guide Phrase Book* has been compiled
by experts to meet the general needs of tourists and business
travelers. Arranged under headings such as Hotels, Driving,
and so forth, the ample selection of useful words and phrases
is supported by a 1,800-line mini-dictionary. There is also an
extensive menu guide listing approximately 500 dishes or
methods of cooking and presentation.

Typical replies to questions you may ask during your trip,
and the signs or instructions you may see or hear, are shown in
tinted boxes. In the main text, the pronunciation of Hungarian
words and phrases is imitated in English sound syllables. The
Introduction gives basic guidelines to Hungarian pronunciation.

Eyewitness Travel Guides are recognized as the world's best
travel guides. Each title features specially commissioned color
photographs, cutaways of major buildings, 3-D aerial views,
and detailed maps, plus information on sights, events, hotels,
restaurants, shopping, and entertainment.

Eyewitness Travel Guides titles include:
Budapest · Amsterdam · Australia · Sydney · California · Florida
Hawaii · New York · San Francisco & Northern California
France · Loire Valley · Paris · Provence · Great Britain · London
Ireland · Dublin · Scotland · Greece: Athens & the Mainland
The Greek Islands · Istanbul · Italy · Florence & Tuscany
Naples · Rome · Sardinia · Venice & the Veneto · Mexico
Moscow · St. Petersburg · Portugal · Lisbon · Prague
South Africa · Spain · Barcelona · Madrid · Seville & Andalusia
Thailand · Vienna · Warsaw

INTRODUCTION

PRONUNCIATION

When reading the imitated pronunciation, pronounce each
syllable as if it formed part of an English word, and you will be
understood sufficiently well. Remember the points below, and
your pronunciation will be even closer to correct Hungarian.
The first syllable of each word should be stressed and double
consonants should be pronounced separately (e.g. as in
Ben Nevis).

a	as the long "a" in father
ay	as in "pay"
e	as in "Ted"
ew	similar to the sound in "hew"
g	always as in "goat"
i	as in "bit"
o	as in the "ou" in "ought"
u	as in "tuck"
y	always as in "yes" (except as in *ay* above)
yuh	as the "yu" in "yucca" but only slightly sounded
zh	like the "s" in "leisure"

SUMMARY OF SPECIAL CHARACTERISTICS IN HUNGARIAN

Every vowel forms a syllable in Hungarian, so all vowels must be pronounced individually, even when several follow each other. The acute accent is often only an indication of length, as in the pairs **o/ó**, **u/ú**, **ö/ő**, and **ü/ű** (yes, you have to look closely to see the difference in the last two pairs!). However, this is not the case with **a/á** and **e/é**; here, each letter has a completely different sound—as also happens with **o/ö** and **u/ü**. It is very important, therefore, to distinguish between these sounds; failure to do so may result in lack of comprehension. The sounds of Hungarian vowels (**a, e, i, o, u**) as modified by various accents are approximated below, together with those consonants that are not pronounced as in English.

a	is similar to the "u" in "tuck"
á	is a long "a" as in "father"
c	"ts" as in "lots"
cs	"ch" as in "church"
é	"ay" as in "pay"
gy	is similar to the "de" in "dew" or the "du" in "duration"
í	as "ee" in "weed"
j	as the "y" in "yet" or "yawn"
ly	as the "y" in "yet" or "yawn"
ny	is similar to the "nu" in "tenure" or the "ni" in "onion"
o	is similar to the "ou" in "ought"
ó	as the word "awe"
ö	similar to the "ur" in "fur"
ő	similar to the "ur" in "fur" but longer
s	"sh" as in "shop"
sz	"s" as in "soap"
ty	as the "tu" in "tune" or "Tuesday"
u	as the "oo" in "look"
ú	as the "oo" in "moon"
ü	similar to the "ew" in 'hew"
ű	similar to the "ew" in "hew" but longer
zs	similar to the "s" in "vision" or "measure"

Suffixes are very common in Hungarian, and may vary according to the vowel in the root of the word. For example, directions are generally expressed by attaching one of several alternative suffixes to the end of the word, chosen acording to the assonance of the vowels of the root and the extra syllable. Thus there is **az étterem-ben** ("in the restaurant"), but **a bár-ban** ("in the bar"); **a vár-ba** ("into the castle"), but **a medencé-be** ("into the pool"); **a sziget-re** ("onto the island"), but **az út-ra** ("onto the road"), etc.

When asking for something specific—such as the bill, a ticket, or stamps—you will be better understood in general if you add a **-t** to the end of the word in Hungarian. For example, **kérem a számlá-t?** (*kayrem uh samlat* "could I have the bill?"); **kérek egy jegy-et?** (*kayrek ed-yuh yed-yet* "could I have a ticket?").

Finally, a note on polite forms of speech. There are three words for "you" in Hungarian: **te** *teh* (informal), **maga** *muguh* (commonly used), and **ön** *urn* (formal). **Te** (or **ti**, in the plural) is only appropriate with children, close friends and acquaintances of your own age. Although the more general **maga** is widely used in addressing all types of people, it may be considered impolite by some Hungarians. To be on the safe side, we recommend that you use the polite form **ön** (plural **önök** *urnurk*) in all cases.

USEFUL EVERYDAY PHRASES

Yes/no
Igen/nem
igen/nem

Thank you/no, thank you
Köszönöm/köszönöm nem
kurssurnurm/kurssurnurm nem

Please (*offering*)
Tessék
teshayk

Please (*asking for something*)
Kérem
kayrem

I don't understand
Nem értem
nem ayrtem

Do you speak English/French/German?
Beszél angolul/franciául/németül?
bessayl ungolool/fruntsia-ool/naymet-ewl

I can't speak Hungarian
Nem beszélek magyarul
nem bessaylek mud-yarool

I don't know
Nem tudom
nem toodom

Please speak more slowly
Tessék lassabban beszélni
teshayk lushubbun bessaylni

Please write it down for me
Legyenszíves leírni
led-yensseevesh leh-eerni

My name is . . .
A nevem . . .
uh nevem . . .

How do you do, pleased to meet you
Örülök hogy megismerhettem
ur-rewlurk hod-yuh megishmerhettem

Good morning
Jóreggelt kívánok
yawreggelt keevanok

Good afternoon/good evening
Jónapot/jóestét
yawnupot/yaw-eshtayt

Good night
Jóéjszakát/jóéjt
yaw-ayssukat/yaw-ayt

Goodbye
Viszontlátásra
vissontlatashruh

How are you? *(formal)*
Hogy van?
hod-yuh vun

How are you? *(informal)*
Hogy vagy?
hod-yuh vud-yuh

Excuse me, please
Bocsánatot kérek
bochanutot kayrek

Sorry!
Elnézést!
elnayzaysht

I'm really sorry
Igazán nagyon sajnálom
iguzan nud-yon shuh-ynalom

Can you help me?
Kérhetem a segítségét?
kayrhetem uh shegeechaygayt

Can you tell me . . .?
Meg tudná mondani, hogy . . .?
meg toodnah monduni hod-yuh

May I have . . .?
Kaphatnék egy . . .?
kuphutnayk ed-yuh

I would like . . .
Szeretnék egy . . .
seretnayk ed-yuh

Is there . . . here?
Van itt . . .?
vun itt

Where can I get . . .?
Hol kaphatok . . .-t?
hol kuphutok . . .-t

How much is it?
Mennyibe kerül?
menn-yibeh kerewl

What time is it?
Hány óra van?
han-yuh awruh vun

I must go now
Mennem kell
vmennem kell

I'll be late
Elkésék
elkayshek

I've lost my way
Eltévedtem
eltayved-tem

Cheers! *(toast, formal)*   *(informal)*
Egészségére!   Egészségedre!
egayss-shaygayreh   *egayss-shaygedreh*

Do you take credit cards?
Elfogadják a hitelkártyákat?
elfogud-yak uh hitelkart-yakut

Where is the restroom?
Hol van a WC?
hol vun uh vaytsay

Go away!
Hagyjon békén!
hud-yon baykayn

Excellent!
Nagyszerű!
nud-yusserew

THINGS YOU'LL HEAR

bocsánat!	sorry!
bocsánatot kérek!	pardon me!
elnézést (kérek)!	sorry!
helló!	hey!
hogy van?	how are you?
igaza van	you're right, he is right
kezitcsókolom	hello (literally "kiss-the-hand," a polite greeting used by children, and to women by men)
kösz	thanks
köszönöm nagyon jól —és ön?	very well, thank you —and you?
nem értem	I don't understand
nem tudom	I don't know
pardon	excuse me
örvendek	how do you do, nice to meet you
szevasz!/szia!	hi!
szivesen	you're welcome
tényleg?	is that so?
tessék?	pardon?
tessék (parancsolni)	here you are
tessék befáradni	come straight in
tessék vigyázni!	look out!
úgy van	that's right
vigyázz/vigyázzon	look out!
viszontlátásra	goodbye

THINGS YOU'LL SEE

árleszállítás	discount
bejárat	entrance
belépés díjtalan/belépés ingyenes	free admission
csendet kérünk	silence please
eladó	for sale
felvonó	elevator
férfi/férfiak	men
foglalt	occupied, reserved
frissen mázolva	wet paint
hölgyek	ladies
húzni	pull
ivóvíz	drinking water
kassza	cash register
kiárusítási vásár	going-out-of-business sale
kijárat	exit
látogatási idő	visiting hours
leértékelés	discount, sale
magánlakás/magántulajdon	private/private property
mosdó	toilet
nők/női	women
nyári szünet	closed for summer vacation
nyári vásár	summer sales
nyitva	open
nyitvatartási idő	opening hours
pénztár	cash register
szabadság miatt zárva	closed for holiday period
tilos a belépés/tilos a bemenet	no admittance
tolni	push
urak	gentlemen
ügyfélfogadási idő	office hours
ünnepi nyitvatartás	public holiday opening time
vészkijárat	emergency exit
zárva	closed

DAYS, MONTHS, SEASONS

Sunday	vasárnap	*vusharnup*
Monday	hétfő	*haytfur*
Tuesday	kedd	*kedd*
Wednesday	szerda	*serduh*
Thursday	csütörtök	*chewturturk*
Friday	péntek	*payntek*
Saturday	szombat	*sombut*

January	január	*yunoo-ar*
February	február	*febroo-ar*
March	március	*martsi-oosh*
April	április	*aprilish*
May	május	*mah-yoosh*
June	június	*yooni-oosh*
July	július	*yooli-oosh*
August	augusztus	*owgoosstoosh*
September	szeptember	*september*
October	október	*oktawber*
November	november	*november*
December	december	*detsember*

Spring	tavasz	*tuvuss*
Summer	nyár	*n-yar*
Fall	ősz	*urss*
Winter	tél	*tayl*

Christmas	karácsony	*kurachon-yuh*
Christmas Eve	szenteste	*senteshteh*
Good Friday	nagypéntek	*nud-yupayntek*
Easter	húsvét	*hooshvayt*
Whitsun	pünkösd	*pewnkurshd*
New Year	újév	*oo-yayv*
New Year's Eve	szilvester	*silvester*

NUMBERS

0 nulla *noolluh*
1 egy *ed-yuh*
2 kettő, két *kettur, kayt*
3 három *harom*
4 négy *nayd-yuh*
5 öt *urt*
6 hat *hut*
7 hét *hayt*
8 nyolc *n-yolts*
9 kilenc *kilents*
10 tíz *teez*
11 tizenegy *tizened-yuh*
12 tizenkettő *tizenkettur*
13 tizenhárom *tizenharom*
14 tizennégy *tizen-nayd-yuh*
15 tizenöt *tizenurt*
16 tizenhat *tizenhut*
17 tizenhét *tizenhayt*
18 tizennyolc *tizenn-yolts*
19 tizenkilenc *tizenkilents*
20 húsz *hooss*
21 huszonegy *hoossoned-yuh*
22 huszonkettő *hoossonkettur*
30 harminc *hurmints*
31 harmincegy *hurmintsed-yuh*
32 harminckettő *hurmintskettur*
40 negyven *ned-yuven*
50 ötven *urtven*
60 hatvan *hutvun*
70 hetven *hetven*
80 nyolcvan *n-yoltsvun*
90 kilencven *kilentsven*
100 száz *saz*
110 száztíz *sazteez*

200	kétszáz	*kayt-saz*
300	háromszáz	*haromssaz*
400	négyszáz	*nayd-yussaz*
500	ötszáz	*urt-saz*
600	hatszáz	*hut-saz*
700	hétszáz	*hayt-saz*
800	nyolcszáz	*n-yolts-saz*
900	kilencszáz	*kilents-saz*
1000	ezer	*ezer*
10,000	tízezer	*teezezer*
20,000	húszezer	*hoossezer*
100,000	százezer	*sazezer*
1,000,000	millió	*milliaw*

THE CALENDAR

1st	elseje	*elsheh-yeh*
2nd	másodika	*mashodikuh*
3rd	harmadika	*harmudikuh*
4th	negyedike	*ned-yedikeh*
5th	ötödike	*urturdikeh*
6th	hatodika	*hutodikuh*
7th	hetedike	*hetedikeh*
8th	nyolcadika	*n-yoltsudikuh*
9th	kilencedike	*kilentsedikeh*
10th	tizedike	*tizedikeh*
11th	tizenegyedike	*tizened-yedikeh*
12th	tizenkettedike	*tizenkettedikeh*
13th	tizenharmadika	*tizenharmudikuh*
14th	tizennegyedike	*tizenned-yedikeh*
15th	tizenötödike	*tizenurturdikeh*
16th	tizenhatodika	*tizenhutodikuh*
17th	tizenhetedike	*tizenhetedikeh*
18th	tizennyolcadika	*tizenn-yoltsudikuh*
19th	tizenkilencedike	*tizenkilentsedikeh*

20th	huszadika	*hoossudikuh*
21st	huszonegyedike	*hoossoned-yedikeh*
22nd	huszonkettedike	*hoossonkettedikeh*
23rd	huszonharmadika	*hoossonharmudikuh*
24th	huszonnegyedike	*hoossonned-yedikeh*
25th	huszonötödike	*hoossonurturdikeh*
26th	huszonhatodika	*hoossonhutodikuh*
27th	huszonhetedike	*hoossonhetedikeh*
28th	huszonnyolcadika	*hoossonn-yoltsudikuh*
29th	huszonkilencedike	*hoossonkilentsedikeh*
30th	harmincadika	*harmintsudikuh*
31st	harmincegyedike	*harmintsed-yedikeh*

TIME

today	ma	*muh*
yesterday	tegnap	*tegnup*
tomorrow	holnap	*holnup*
the day before yesterday	tegnapelőtt	*tegnupelurt*
the day after tomorrow	holnapután	*holnupootan*
this week	a héten	*uh hayten*
last week	múlt héten	*moolt hayten*
next week	jövő héten	*yurvur hayten*
this morning		
(*midnight to 4 AM*)	ma éjjel	*muh ay-yel*
(*4 to 9 AM*)	ma reggel	*muh reggel*
(*9 AM to noon*)	délelőtt	*daylelurt*
this afternoon	ma délután	*muh daylootan*
this evening	ma este	*muh eshteh*
tonight	ma éjjel	*muh ay-yel*
yesterday afternoon	tegnap délután	*tegnup daylootan*
last night	múlt éjjel	*moolt ay-yel*
tomorrow morning		
(*4 to 9 AM*)	holnap reggel	*holnup reggel*
(*9 AM to noon*)	holnap délelőtt	*holnup daylelurt*
tomorrow night		
(*early*)	holnap este	*holnup eshteh*
(*late*)	holnap éjjel	*holnup ay-yel*
in three days	három nap múlva	*harom nup moolvuh*
within three days	három napon belül	*harom nupon belewl*
three days ago	három nappal ezelőtt	*harom nuppul ezelurt*
this year	idén	*idayn*
last year	tavaly	*tuvuh-yuh*
next year	jövőre	*yurvur-reh*
late	késő	*kayshur*

early	korán	*koran*
soon	nemsokára	*nemshokaruh*
later on	később	*kayshurb*
at the moment	pillanatnyilag	*pillunutn-yilug*
second	másodperc	*mashodperts*
minute	perc	*perts*
one minute	egy perc	*ed-yuh perts*
two minutes	két perc	*kayt perts*
quarter of an hour	negyedóra	*ned-yedawruh*
half an hour	félóra	*faylawruh*
three quarters of an hour	háromnegyedóra	*haromned-yedawruh*
hour	óra	*awruh*
that day	aznap	*uznup*
every day	mindennap	*mindennup*
all day	egész nap	*egayss nup*
the next day	másnap	*mashnup*

TELLING TIME

Minutes past the hour are expressed by . . . **perccel múlt** . . . (*pertsel moolt*), so "ten past three" is **tíz perccel múlt három** (*teez pertsel moolt harom*). For minutes to the hour, the expression . . . **perc múlva** . . . (*perts moolvuh*) is used, so "ten to three" is **tíz perc múlva három** (*teez perts moolvuh harom*).

Half past and quarter hours are referred to the hour approaching, so "half past three" becomes **fél négy** (*fayl nayd-yuh*), literally "half four;" "quarter past three" is **negyed négy** (*ned-yed nayd-yuh*), literally "quarter four;" and "quarter to four" is **háromnegyed négy** (*haromned-yed nayd-yuh*), literally "three quarters four."

In the simplest, though not quite as common, way of telling the time, the word for the hour comes first, followed by **óra** (*awruh*) "hour" and the number of the minutes. Thus "three ten" can also be expressed as **három óra tíz** (*harom awruh teez*); "three fifty" as **három óra ötven** (*harom awruh urtven*); "three fifteen" as **három óra tizenöt** (*harom awruh tizenurt*);

"three thirty" as **három óra harminc** (*harom awruh harmints*); and "three forty five" as **három óra negyvenöt** (*harom awruh nedyuvenurt*).

D.e. (AM) and d.u. (PM) are rarely used, and then only in writing. If the context is not clear, Hungarians specify the time of the day, such as **reggel kilenc** (*reggel kilents*), "nine in the morning," or **este kilenc** (*esteh kilents*), "nine in the evening." Early morning times are referred to as "night." For example, **éjjel három óra** (*ay-yel harom awruh*) is literally "three at night," but **reggel fél öt** (*reggel fayl urt*) means "half past four in the morning."

In official lists, timetables, and broadcasts, time is always given by the 24-hour clock, which is also commonly used for everyday appointments and inquiries.

AM	d.e./délelőtt	*daylelurt*
PM	d.u./délután	*daylootan*
one o'clock	egy óra	*ed-yuh awruh*
ten past one	tíz perccel múlt egy	*teez pertsel moolt ed-yuh*
quarter past one	negyed kettő	*ned-yed kettur*
half past one	fél kettő	*fayl kettur*
twenty to two	húsz perc múlva kettő	*hooss perts moolvuh kettur*
quarter to two	háromnegyed kettő	*haromned-yed kettur*
two o'clock	két óra	*kayt awruh*
13:00 (1 PM)	tizenhárom óra, egy óra	*tizenharom awruh, ed-yuh awruh*
16:30 (4.30 PM)	tizenhat óra harminc	*tizenhut awruh hurmints*
at half past five	fél hatkor	*fayl hutkor*
at seven o'clock	hét órakor	*hayt awrukor*
noon	dél	*dayl*
midnight	éjfél	*ayfayl*

HOTELS

A wide range of hotel accommodations are available to travelers all over the country. Hotels are graded from 1 to 5 stars, following the international standard, and are often at least part-owned by an international hotel chain, such as Hyatt, Penta, Husa, Marriot, Novotel, etc. All major towns or tourist resorts will have at least one quality hotel; the less expensive local hotels are considerably more modest. Recent events have favored the appearance of small privately-owned establishments called **panzió** (*punzi-aw*) or **fogadó** (*fogudaw*). These are generally an excellent value and are similar to bed-and-breakfasts.

Travelers on a low budget are well advised to look out for **fizetővendégszolgálat** (*fizeturvendaygssolgulut*), a paying guest service which is available through local tourist offices and railroad stations in all major towns and resorts. This service allows you to rent the spare room in family homes and is perhaps the best way to experience traditional values of hospitality. Families or individuals looking for more privacy may rent independent apartments as part of the same service for about twice the price.

In the summer, inexpensive accommodations are available on university campuses through the youth travel agency **Expressz**. Extremely basic group accommodations are available throughout the country in traditional hostels, called **túristaszálló** (*toorishtassallaw*), while the similar **túristaház** (*toorishtuh-haz*) are establishments offering rudimentary chalet-type accommodations (8 or more beds to a room) in less accessible areas—generally at the end of a forest path.

USEFUL WORDS AND PHRASES

balcony	erkély	*erkay*
bath	fürdő	*fewrdur*
bathroom	fürdőszoba	*fewrdurssobuh*
bed	ágy	*ad-yuh*
bedroom	hálószoba	*halawssobuh*
bill	számla	*samluh*
breakfast	reggeli	*reggeli*
dining room	étterem	*aytterem*
dinner	vacsora	*vuchoruh*
double room	duplaágyas szoba	*doopluh-ad-yush sobuh*
elevator	lift	*lift*
full board	teljes ellátás	*tel-yesh ellatash*
half board	fél panzió	*fayl punzi-aw*
hotel	szálloda	*salloduh*
key	kulcs	*koolch*
lobby	hall	*hull*
lounge	szalon	*sulon*
lunch	ebéd	*ebayd*
manager	igazgató	*iguzgutaw*
reception	recepció	*retseptsi-aw*
receptionist	recepcionista,	*retseptsionishtuh,*
	portás	*portash*
restaurant	étterem	*aytterem*
restroom	WC	*vaytsay*
room	szoba	*sobuh*
room service	szobaszervíz	*sobusserveez*
shower	zuhany	*zoohun-yuh*
shower room	zuhanyozó	*zoohun-yozaw*
single room	egyágyas szoba	*ed-yad-yush sobuh*
suite	lakosztály	*lukossta-yuh*
TV	tévé	*tayvay*
twin room	kétágyas szoba	*kaytad-yush sobuh*

Do you have any vacancies?
Van kiadó szobájuk?
vun ki-udaw soba-yook

I have a reservation
Foglaltam egy szobát
foglultum ed-yuh sobat

I'd like a single/double room
Szeretnék egy egyágyas/duplaágyas szobát kivenni
seretnayk ed-yuh ed-yad-yush/doopluh-ad-yush sobat kivenni

I'd like a room with a bathroom/balcony
Fürdőszobás/erkélyes szobát szeretnék
fewrdurssobash/erkay-yesh sobat seretnayk

THINGS YOU'LL HEAR

Sajnálom, megtelt
I'm sorry, we're full

Nincs több egyágyas szobánk
There are no single rooms left

Nincs több duplaágyas szobánk
There are no double rooms left

Hány éjszakára?
For how many nights?

Hogyan szándékozik fizetni?
How will you be paying?

Előre kell fizetni
Please pay in advance

I'd like a room for one night/three nights
Egy/három éjszakára szeretnék egy szobát kivenni
ed-yuh/harom ayssukaruh seretnayk ed-yuh sobat kivenni

What is the charge per night?
Mennyibe kerül a szoba egy éjszakára?
menn-yibeh kerewl uh sobuh ed-yuh ayssukaruh

I don't yet know how long I'll stay
Még nem tudom meddig maradok
mayg nem toodom meddig murudok

When is breakfast/dinner?
Mikor szolgálják a reggelit/vacsorát?
mikor solgal-yak uh reggelit/vuchorat

Would you have my luggage brought up?
Legyenszives felvitetni a csomagomat a szobámba?
led-yenssivesh felvitetni uh chomugomut uh sobambuh

Please call me at . . . o'clock
Legyenszives . . . órakor felhívni
led-yenssivesh . . . awrukor felheevni

May I have breakfast in my room?
Kérem a reggelit a szobámban felszolgálni?
kayrem uh reggelit uh sobambun felssolgalni

I'll be back at . . . o'clock
. . . órára visszajövök
. . . awraruh vissuh-yurvurk

My room number is . . .
Szobaszámom . . .-es
sobussamom . . .-esh

I'm leaving tomorrow
Holnap elutazom
holnup elootuzom

May I have the bill, please?
Legyenszives elkészíteni a számlát?
led-yenssivesh elkaysseeteni uh samlat

I'll pay by credit card
Hitelkártyával fizetek
hitelkart-yavul fizetek

I'll pay cash
Készpénzzel fizetek
kaysspaynzel fizetek

Can you get me a taxi?
Rendeljen kérem egy taxit?
rendel-yen kayrem ed-yuh tuxit

Can you recommend another hotel?
Tud egy másik szállodát ajánlani?
tood ed-yuh fmashik sallodat uyanluni

THINGS YOU'LL SEE

duplaágyas szoba	double room
ebéd	lunch
egyágyas szoba	single room
em.	floor
emelet	floor
étterem	restaurant
fél-penzió	half board
felvonó	elevator
férfi	gentlemen
foglalt	reserved, occupied
földszint	first floor
fszt.	first floor
fürdőszoba	bathroom
hölgyek	ladies
húzni	pull
kétágyas szoba	twin room
megtelt	no vacancies
mosdók	restroom
női	ladies
pénzváltás	currency exchange
porta	reception
reggeli	breakfast
reggeli nélkül	without breakfast
reggelivel	breakfast included
számla	bill
szoba kiadó	room to rent
teljes ellátás	full board
tolni	push
urak	gentlemen
vacsora	dinner, supper
vészkijárat	emergency exit
zuhanyozó	shower

DRIVING

As most everywhere else in Europe, drive on the right, pass on the left. At crossings, priority is given to the vehicle approaching from the right, unless you are driving on a main road, indicated by a yellow diamond road sign. Speed limits are 37 mph (60 km/h) in built-up areas, 50 mph (80 km/h) on secondary roads, 62 mph (100 km/h) on major roads, and 75 mph (120 km/h) on highways. Make sure you do not exceed these limits, as you can be fined on the spot for speeding.

Safety regulations are extremely stringent. You must have a valid "green card" covering you for driving in Hungary, which you can obtain from your insurance agent. Cars should be equipped with rubber mudflaps and display a nationality sticker. Children under six are prohibited from traveling in the front seat, and you are required by law to carry a red warning triangle (for display in case of breakdown), a first aid kit, and a set of spare headlight bulbs. Seat belts are compulsory and crash helmets must be worn on scooters as well as on motorcycles. Pedestrians have right of way even where there is no pedestrian crossing. The law is particularly severe on drinking and driving—the legal limit is *zero*. Fines are heavy and you may even find yourself kept in police custody.

Fuel is sold by the liter. There is **extra** (98 octane, leaded) and **ólommentes** (*awlommentesh*), (95 octane unleaded), which is sold at all filling stations. Gas stations are normally open from 6 AM to 10 PM, with a handful open around the clock. It is advisable to take a selection of spare parts with you as these are difficult to obtain for foreign cars.

If your car breaks down, call on the very efficient service of the **sárga angyal** (*sharguh und-yul*) provided by the Hungarian Automobile Club (**Magyar Autóklub**). These "yellow angels" are small yellow cars positioned along major roads at certain junctions—look out for the sign **segélyszolgálat**, meaning "relief service." They can be called by phoning the club or, if you are on the expressway, by using one of the yellow telephones that you will find every two kilometers.

Some Common Road Signs

állandó használat	in constant use
behajtani tilos	no entry
bejárat	entrance
bukkanó	uneven road surface
buszsáv	bus lane
centrum	town center
elsősegélyhely	first aid station
figyelem	caution
forgalomelterelés	detour
gépkocsival behajtani tilos	no entry for cars
gyalogosforgalom a bal oldalon	pedestrians keep to the left
gyalogosforgalom a túloldalon	pedestrians cross over
hibás úttest	bad surface
iskola	school
kijárat	exit
kórház	hospital
korlátozott várakozás	limited waiting
lassan hajts	slow
óvatosan hajts	drive with caution
parkolóház	multistory parking lot
pihenő	rest stop
szervíz	garage
teherautók számára fenntartott	for heavy vehicles
terelőút	detour
tilos az átjárás	no trespassing
útépítés	roadwork
úthibák	bad surface
várakozni tilos	no waiting
vége	end
veszély	danger

→

veszélyes útszakasz	dangerous stretch of road
vigyázz	caution
zsákutca	dead end

USEFUL WORDS AND PHRASES

brake *(noun)*	fék	*fayk*
breakdown	műszaki hiba	*mewssuki hibuh*
breakdown service	autómentő	*owtawmentur*
camper	lakókocsi	*lukawkochi*
car	autó	*owtaw*
clutch	kuplung	*kooploong*
diesel	diesel, dízel	*deezel*
drive	vezetni	*vezetni*
engine	motor	*motor*
exhaust	kipufogócső	*kipoofogawchur*
fanbelt	ékszíj	*aykssee-yuh*
flat tire	defekt	*defekt*
garage	szervíz	*serveez*
(for repairs)	autójavitóműhely	*awyuvitawmewheh-yuh*
(for fuel)	benzinkút	*benzinkoot*
gas	benzin	*benzin*
gear	sebváltó	*shebvaltaw*
gears	sebességek	*shebeshaygek*
green card	zöld kártya	*zurld kart-yuh*
handbrake	kézifék	*kayzifayk*
headlights	fényszóró	*fayn-yussawraw*
highway	autópálya	*owtawpa-yuh*
intersection	útkereszteződés	*ootkeress-tezurdaysh*
license	jogosítvány	*yogosheetvan-yuh*
license plate	rendszámtábla	*rendsamtabluh*
manual	kézi	*kayzi*
mirror	visszapillantótükör	*vissupilluntaw-tewkur*
motorcycle	motorkerékpár	*motorkeraykpar*
road	út	*oot*

skid	csúszni	*choossni*
spare parts	alkatrész	*ulkutrayss*
spare tire	pótkerék	*pawtkerayk*
speed (*noun*)	sebesség	*shebeshayg*
speed limit	sebességkorlátozás	*shebeshayg-korlatozash*
speedometer	kilométeróra	*kilawmayter-awruh*
steering wheel	kormánykerék	*korman-yukerayk*
taillights	hátsólámpa	*hachawlampuh*
tire	gumi	*goomi*
tow	vontatni	*vontutni*
traffic lights	közlekedési lámpa	*kurzlekedayshi lampuh*
trailer	utánfutó	*ootanfootaw*
truck	teherautó	*tehairowtaw*
trunk	csomagtartó	*chomugtartaw*
unleaded	ólommentes	*awlommentesh*
van	furgon	*foorgon*
wheel	kerék	*kerayk*
windshield	szélvédő	*saylvaydur*
wipers	ablaktörlő	*ublukturlur*

I'd like some gas/oil/water
Benzint/olajat/vizet szeretnék
benzint/oluh-yut/vizet seretnayk

Fill it up, please!
Töltse tele, kérem!
turlcheh teleh kayrem

I'd like ten liters of gas
Tíz liter benzint kérek
teez liter benzint kayrek

Would you check the tires, please?
Legyenszives ellenőrizni a kerekek levegőállását?
led-yenssivesh ellenurizni uh kerekek levegur-allashat

Where is the nearest garage/gas station?
Hol van a legközelebbi autószervíz/benzínkút?
hol vun uh legkurzelebbi owtawsserveez/benzeenkoot

How do I get to . . .?
Hogyan jutok el . . .-ba?
hod-yun yootok el . . .-buh

DIRECTIONS YOU MAY BE GIVEN

a második út/utca balra	second road/street on the left
az első út/utca jobbra	first road/street on the right
egyenesen	straight ahead
balra/baloldalt	on the left
forduljon balra	turn left
forduljon jobbra	turn right
jobbra/jobboldalt	on the right
. . .-n túl	past the . . .

Do you do repairs?
Javítást is vállalnak?
yuveetasht ish vallulnuk

Can you repair the clutch?
Meg tudja javítani a kuplungot?
meg tood-yuh yuveetuni uh kooploongot

When will it be ready?
Mikor lesz kész?
meekor less kayss

There is something wrong with the engine
Valami baja van a motornak
vulumi buh-yuh vun uh motornuk

The engine is overheating
Túlfűt a motor
toolfewt uh motor

The brakes are sticking
Nem enged fel a fék
nem enged fel uh fayk

I need a new tire
Új kerékgumira van szükségem
ooj keraykgoomiruh vun sewkshaygem

I'd like to rent a car
Egy autót szeretnék bérelni
ed-yuh owtawt seretnayk bayrelni

Where can I park?
Hol parkolhatok?
hol purkolhutok

May I park here?
Parkolhatok itt?
purkolhutok itt

Is there a mileage charge?
Kilométerdíjat is felszámítanak?
kilawmayterdee-yut ish felssameetunuk

Things You'll Hear

Automata vagy kézisebváltós modelt kíván?
Would you like an automatic or a manual?

Szabad a jogosítványát?
May I see your license?

Things You'll See

autójavító	car repairs
autópályafeljárat	highway junction
benzin	gas
benzinkút	gas station
extra	leaded gas
javítás	repair
keréklevegőállás	tire pressure
kijárat	exit
levegő	air
levegőnyomás	air pressure
magánút	private road
magánterület	private grounds
olaj	oil
olajállás	oil level
ólommentes	unleaded
üzemanyagtöltőállomás	gas station
vám	customs
vámvizsgálat	customs inspection

TRAIN TRAVEL

You can travel first or second class, but conditions on the latter leave a lot to be desired. Although quite extensive, the Hungarian railroad network is extremely centralized: you can get to a neighboring provincial town faster by returning to the capital and taking another express train than by attempting a shortcut. Trains are relatively frequent, but slow and rather unreliable as regards keeping to the timetable.

Budapest's main railroad station is **Keleti Pályaudvar** (*keleti pa-yuh-oodvur*). Most international fast trains (**nemzetközi expresszvonat** *nemzetkurzi expressvonut*) arrive here, such as the Orient Express (from Paris to Bucharest) and the **Lehár Express** (from Vienna).

For domestic services there are three types of trains: **személyvonat** (*semay-yuvonut*), slow trains with frequent stops; **gyorsvonat** (*d-yorshvonut*), fast trains with a few main stops; and **expresszvonat**, fast trains with no stops between departure and destination. There is a supplement (**pótdíj** *pawtdee-yuh*) for fast trains, and a seat reservation (**helyfoglalás** *heh-yufoglush*) is compulsory for express trains. Some slow trains are run as "fast services" (**gyorsított járat** *d-yorsheetott yarut*), which means that they don't stop at some intermediate stations. Express trains have a restaurant car, and buffet-services are generally available on a **gyorsvonat**.

Fares are not expensive, and further discounts are available to students (50% reduction), people under 26 (25–50% reduction), and senior citizens (33% reduction). Children under four travel free, and fares are half-price for those under fourteen. Inter-Rail cards are honored on Hungarian Railways, and foreigners can also benefit from temporary passes on parts or all of the network (for example, Balaton Pass, Tourist Pass).

USEFUL WORDS AND PHRASES

buffet	büfékocsi	*bewfaykochi*
car *(train)*	vagon	*vugon*
compartment	fülke	*fewlkeh*
connection	csatlakozás	*chutlukozash*
dining car	étkezőkocsi	*aytkezurkochi*
emergency cord	vészjelző	*vayss-yelzur*
engine	mozdony	*mozdon-yuh*
entrance	bejárat	*beh-yarut*
exit	kijárat	*ki-yarut*
first class	elsőosztály	*elshur-ossta-yuh*
get in	felszállni	*felssallni*
get out	leszállni	*lessallni*
guard	vasutas	*vushootush*
indicator board	hirdetőtábla	*hirdeturtabluh*
lost and found	talált tárgyak osztálya	*tulalt tard-yuk ossta-yuh*
luggage cart	csomagkuli	*chomugkooli*
luggage storage	csomagmegőrző	*chomugmegur-rzur*
luggage van	csomagtargonca	*chomugtargontsuh*
one-way ticket	csak oda jegy	*chuk oduh yed-yuh*
platform	vágány	*vagan-yuh*
rail	sín	*sheen*
railroad	vasút	*vushoot*
reservation office	jegyiroda	*yed-yiroduh*
reserved seat	foglalt	*foglult*
restaurant car	étkezőkocsi	*aytkezurkochi*
round trip ticket	retúrjegy	*retoor-yed-yuh*
seat	ülés	*ewlaysh*
second class	másodosztály	*mashodossta-yuh*
sleeping car	hálókocsi	*halawkochi*
station	állomás	*allomash*
station master	állomásfőnök	*allomashfeynek*
ticket	menetjegy	*menet-yed-yuh*
ticket collector	jegykalauz	*yed-yukuluh-ooz*
timetable	menetrend	*menetrend*

tracks	vágány	*vagan-yuh*
train	vonat	*vonut*
waiting room	váróterem	*varawterem*
window	ablak	*ubluk*

When does the train for . . . leave?
Mikor indul a vonat . . .-be?
mikor indool uh vonut . . .-be

When does the train from . . . arrive?
Mikor érkezik a vonat . . .-ból?
mikor ayrkezik uh vonut . . .-bawl

When is the next train to . . .?
Mikor indul a következő vonat . . .-ra?
mikor indool uh kurvetkezur vonut . . .-ruh

When is the first train to . . .?
Mikor indul az első vonat . . .-ba?
mikor indool uz elshur vonut . . .-buh

When is the last train to . . .?
Mikor indul az utolsó vonat . . .-re?
mikor indool uz ootolshaw vonut . . .-reh

What is the fare to . . .?
Mennyibe kerül a menetjegy . . .-be?
menn-yibeh kerewl uh menet-yed-yuh . . .-beh

Do I have to change?
Át kell szállnom valahol?
at kel salnom vuluhol

Does the train stop at . . .?
Megáll a vonat . . .-ban?
megal uh vonut . . .-bun

How long does it take to get to . . .?
Meddig tart az út . . .-ig?
medig turt uz oot . . .-ig

A one-way/round trip ticket to . . ., please
Kérek egy csak oda/oda-vissza jegyet . . .-re
kayrek ed-yuh chuk oduh/oduvissuh yed-yet . . .-reh

Do I have to pay a supplement?
Kell pótdíjat fizetnem?
kel pawtdee-yut fizetnem

I'd like to reserve a seat
Egy helyjegyet szeretnék váltani
ed-yuh heh-yed-yet seretnayk valtuni

Is this the right train for . . .?
Ez a vonat megy . . .-ba?
ez uh vonut med-yuh . . .-buh

Is this the right platform for the . . . train?
Erről a vágányról indul a . . .-i vonat?
errurl uh vagan-yurawl indool uh . . .-i vonut

Which platform for the . . . train?
Melyik vágányról indul az . . .-i vonat?
meh-yik vagan-yurawl indool uz . . .-i vonut

Is the train late?
Késik a vonat?
kayshik uh vonut

Could you help me with my luggage, please?
Megkérhetem, hogy segítsen a csomagommal?
megkayrhetem hod-yuh shegeechen uh chomugommul

Is this a nonsmoking compartment?
Ez nem-dohányzó fülke?
ez nem-dohan-yuzaw fewlke

Is this seat free?
Szabad ez a hely?
subud ez uh heh-yuh

This seat is taken
Ez a hely foglalt
ez uh heh-yuh foglalt

I have reserved this seat
Ezt a helyet előre lefoglaltam
ezt uh heh-yet elur-reh lefoglultum

May I open/close the window?
Kinyithatom/becsukhatom az ablakot?
kin-yithutom/bechookhutom uz ublukot

When do we arrive in . . .?
Mikor érkezünk meg . . .-re?
mikor ayrkezewnk meg . . .-reh

What station is this?
Ez melyik állomás?
ez meh-yik allomash

Do we stop at . . .?
Megáll a vonat . . .-en?
megal uh vonut . . .-en

Would you keep an eye on my things for a moment?
Megkérhetem, hogy felügyeljen a csomagaimra egy percre?
*megkayrhetem hod-yuh felewd-yel-yen uh chomuguh-imruh ed-yuh
   perts-reh*

Is there a restaurant car on this train?
Van a vonaton étkezőkocsi?
vun uh vonuton aytkezurkochi

THINGS YOU'LL SEE

állomásfőnökség	stationmaster's office
az ablakon kihajolni tilos	do not lean out of the window
bejárat	entrance
belföldi információ	local and national inquiries
bisztró	snack bar
büfékocsi	buffet car
csak hétköznapokon	weekdays only
csak munkanapokon	workdays only
csak munkaszüneti napokon	public holidays only
csak ünnepnapokon	public holidays only
csomagmegőrző	luggage storage
dohányozni tilos	no smoking
dohányzók részére	smoking
elővételi pénztár	desk for advance booking
érkező vonatok	arrivals
étkezőkocsi	restaurant car
főpályaudvar	central station
felvilágosítás	information
férfi WC	men's restroom
foglalt	occupied
folyóiratok	newsstand
hálókocsi	sleeping car
helyfoglalás	seat reservation
helyi járat	local train
hétköznapokon	weekdays
indokolatlan használatért bírság róható ki	penalty for misuse
induló vonatok	departures

→

jegypénztár	ticket office
kedvezményes utazás	travel concessions
késés	delay
kijárat	exit
kijárat a vonatokhoz	to the trains
közbenső állomásokon nem áll meg	does not stop at stations in between
MÁV	Hungarian State Railways
menetjegykiadás	ticket counter
menetrend	timetable
munkaszüneti napokon	on public holidays
nem-dohányzók részére	nonsmoking
nemzetközi információ	international inquiries
nemzetközi jegypénztár	international ticket desk
női WC	women's restroom
pályaudvar	railroad station
peron	platform
poggyászmegőrző	luggage storage
pótdíj	supplement
p.u.	railroad station
szabad	vacant
szálláshelyfoglalás	accommodations/ hotel reservation
tilos a bejárat	no entry
tilos a bemenet	no entry
tilos a dohányzás	no smoking
újságos	newsstand
utastájékoztató	travel information
vágány	platform
a vágányokhoz	to the platforms
vagon	car (train)
vámhivatal	customs office
váróterem	waiting room
vasár- és ünnepnapokon	Sundays and public holidays
vasárnap kivételével	Sundays excepted

THINGS YOU'LL HEAR

Figyelem! Figyelem!
Attention! Attention!

A . . . vágány mellett tessék vigyázni
Watch out for the arrival of a train on platform . . .

A jegyeket kérem
Tickets, please

Tessék a jegyeket ellenőrzésre előkészíteni
Please prepare your tickets for inspection

Tessék az útlevél- és vámvizsgálathoz felkészülni
Please prepare for passport and customs control

Az útleveleket kérem
Passports, please

Van elvámolni valója?
Have you got anything to declare?

AIR TRAVEL

The international airport of **Budapest-Ferihegy** handles all flights to and from Hungary. **MALÉV** flights from London, Paris, and Frankfurt arrive at the airport's appreciably more up-to-date second terminal. **MALÉV**, the national airline, flies to most capitals in Europe and the Middle East, but not to North America. The company operates no domestic flights. Its on-board service, particularly when it comes to catering, deserves its good reputation.

Visas can be obtained at the airport, as long as you have a valid passport with you. There is an airport minibus service.

USEFUL WORDS AND PHRASES

aircraft	repülőgép	*repewlurgayp*
airline	légitársaság	*laygitarshushag*
airport	repülőtér	*repewlurtayr*
airport bus	reptéri buszjárat	*reptayri booss-yarut*
aisle	folyosó	*fo-yoshaw*
arrival	érkezés	*ayrkezaysh*
baggage claim	poggyász	*pod-yass*
boarding card	beszállókártya	*bessallawkart-yuh*
check-in (*noun*)	jegykezelés	*yed-yukezelaysh*
check-in desk	jegykezelőpult	*yed-yukezelur poolt*
customs	vámkezelés	*vamkezelaysh*
delay	késés	*kayshaysh*
departure	indulás	*indoolash*
departure lounge	indulóváró	*indoolawvaraw*
duty free store	vámmentes áruk	*vammentesh arook*
emergency exit	vészkijárat	*vaysski-yarut*
flight	járat	*yarut*
flight attendant (*female*)	légiutaskísérő stewardess, légikisasszony	*laygi-ootushkishayrur st-yoo-ardess, laygikishusson-yuh*
flight number	járatszám	*yarutssam*

gate	kijárat	*kiyarut*
land	leszállni	*lessalni*
long-distance flight	hosszútávolsági járat	*hossootavolshagi yarut*
passport	útlevél	*ootlevayl*
passport control	útlevélvizsgálat	*ootlevaylvizhgalut*
pilot	pilóta	*pilawtuh*
restroom	mosdó	*moshdaw*
runway	kifutópálya	*kifootawpa-yuh*
seat	ülés	*ewlaysh*
seat belt	biztonsági öv	*biztonshagi urv*
takeoff	felszállás	*felssallash*
window	ablak	*ubluk*
wing	szárny	*sarn-yuh*

When is there a flight to . . .?
Mikor van repülőjárat . . .-ba?
mikor vun repewluryarut . . .-buh

What time does the flight to . . . leave?
Mikor indul a . . .-i járat?
mikor indool uh . . .-i yarut

Is it a direct flight?
Közvetlen járat?
kurzvetlen yarut

Do I have to change planes?
Át kell valahol szállnom?
at kel vuluh-hol salnom

When do I have to check in?
Mikor kezdik a járatra a jegyek kezelését?
mikor kezdik uh yarutruh uh yed-yek kezelayshayt

I'd like a one-way ticket to . . .
Szeretnék egy csak oda repülőjegyet váltani . . .-be
seretnayk ed-yuh chuk oduh repewlur-yed-yet valtuni . . .- beh

I'd like a round trip ticket to . . .
Szeretnék egy oda-vissza repülőjegyet váltani . . .-ba
seretnayk ed-yuh oduvissuh repewlur-yed-yet valtuni . . .-buh

Smoking/nonsmoking (seat)
Dohányzó/nem-dohányzó
dohan-yuzaw/nem-dohan-yuzaw

I'd like a window seat, please
Ablakmelletti ülést szeretnék, ha lehet
ublukmelletti ewlaysht seretnayk huh lehet

How long will the flight be delayed?
Mennyi késéssel indul a repülő?
menn-yi kayshayshel indool uh repewlur

Is this the right gate for the . . . flight?
Ez a helyes kijárat a . . .-ba induló járathoz?
ez uh heh-yesh ki-yarut uh . . .-buh indoolaw yaruthoz

Which gate for the flight to . . .?
Melyik kijáratról indul a . . .-ba menő járat?
meh-yik ki-yarutrawl indool uh . . .-buh menur yarut

When do we arrive in . . .?
Mikor érkezünk . . .-be?
mikor ayrkezewnk . . .-beh

May I smoke now?
Lehet már dohányozni?
lehet mar dohan-yozni

I do not feel very well
Rosszul érzem magam
rossool ayrzem mugum

THINGS YOU'LL HEAR

A . . .-es számú . . .-ba induló járatra a beszállás megkezdődött
Flight number . . . for . . . is now boarding

A . . .-as számú . . .-ba induló járatra a beszállás befejeződött
Flight number . . . for . . . is now boarded

Szíveskedjenek az . . .-es számú kijárathoz fáradni
Please go to gate number . . . now

THINGS YOU'LL SEE

átszállás	change (flights)
az ülés alatt	under the seat
beszállás/beszállókártya	boarding/boarding card
biztonsági előírások	safety measures
csatlakozás	connection
dohányozni tilos	no smoking
dohányzók részére fenntartott hely	area reserved for smokers
egészségügyi zacskó	sanitary bag
életmentő mellény	life jacket
érkező járatok	arrivals
felvilágosítás	information
helyfoglalás	flight reservation
hívógomb	call button
induló járatok	departures

→

indulóváró	departure lounge/gate
járat/járatszám	flight/flight number
jegyeladás	ticket sales
jegy- és poggyászkezelés	ticket and baggage check-in
késés	delay
kézipoggyász	hand luggage
kijárat	gate
központi jegyiroda	central reservations office
közvetlen járat	direct flight
megszakítás nélkül	direct
menetrendszerinti járat	scheduled flight
mosdó	restroom
nem-dohányzó	nonsmoking
nem-dohányzó járat	nonsmoking flight
piros csatorna	items to declare (customs)
poggyászkiadás	baggage claim
repülési idő/repülési útvonal	flight time/flight route
repülőtér	airport
repülőtéri buszjárat	airport coach service
súlykorlátozás	weight limit
tessék a biztonsági öveket bekapcsolni	fasten seat belts
túlsúlydíj	charge for excess weight
utasok	passengers
útlevélvizsgálat	passport control
vám/vámkezelés	customs/customs inspection
vámmentes/ vámnyilatkozat	exempt from duty/ customs declaration
zöld csatorna	nothing to declare (customs)

LOCAL TRANSPORTATION

Budapest's local transportation is amazingly versatile. The mainstay of the system are the blue buses which serve over 200 routes. Yellow trams (**villamos** *villumosh*), extremely noisy as they squeak along their rails, cover an equally vast area linking the outskirts to the center of the city along the main arteries and beltways. Crimson trolley buses (**trolibusz**) operate in some of the outer districts, skirting around the city parks in Pest. Three subway lines provide fast access to the city from the outskirts as well as linking the two sides of the city under the Danube. Green suburban trains provide a service to and from the capital.

In order to use this complex network, running from 4:30 AM to 12:30 AM, you have to be in possession of blue tickets. There is a range of day and monthly passes (**bérlet** *bayrlet*) that can be obtained from Budapest Transport Network offices (**BKV**). You will need a passport-size photograph to obtain one. Individual tickets can also be purchased at newsstands, tobacco stores, stations, and terminals. You have to use a new ticket every time you enter a vehicle, and this should be validated by punching it in one of the machines near the door.

If you don't want to use the crowded public transportation system, you can always hail a taxi by simply shouting *"tuxi."* You'll also find taxi stands near hotels, railroad stations, and major intersections. Taxi drivers expect a tip of 10–15 percent.

There is a pleasure boat service on the Danube (from Budapest to Esztergom) and on Lake Balaton (from Siófok to Keszthely), as well as several car ferry services. An international hydrofoil service links Budapest with Vienna on the Danube from April to September.

There is also a long-distance national bus service run by VOLÁN. Comfort may not seem to be of central concern to the service, but it is inexpensive and covers the whole of the country, filling in the gaps in the rail system.

USEFUL WORDS AND PHRASES

adult	felnőtt	*felnurt*
boat	hajó	*huh-yaw*
bus	autóbusz	*owtawbooss*
(*long-distance*)	távolsági buszjárat	*tavolshagi booss-yarut*
bus stop	buszmegálló	*boossmegallaw*
child	gyermek	*d-yermek*
conductor	jegyszedő	*yed-yussedur*
connection	csatlakozás	*chutlukozash*
cruise	sétahajó	*shaytuh-huh-yaw*
dock	rakpart	*rukpart*
driver	vezető	*vezetur*
fare	menetdíj	*menetdee-yuh*
ferry	komp	*komp*
lake	tó	*taw*
number 5 bus	az ötös számú busz	*uz urtursh samoo booss*
passenger	utas	*ootush*
river	folyó	*fo-yaw*
seat	ülés	*ewlaysh*
station	állomás	*allomash*
subway	metró	*metraw*
taxi	taxi	*tuxi*
terminal	végállomás	*vaygallomash*
ticket	jegy	*yed-yuh*
tram	villamos	*villumosh*
transit system map	tömegközlekedési térkép	*turmegkurzlekedayshi tayrkayp*
trolley bus	troli(busz)	*troli(booss)*
underground passage	aluljáró	*ulool-yaraw*

Where is the nearest subway station?
Hol van a legközelebbi metróállomás?
hol vun uh legkurzelebbi metraw-allomash

Where is the bus station?
Hol van a buszállomás?
hol vun uh boossallomash

Which buses go to . . .?
Melyik busz megy . . .-ba?
meh-yik booss med-yuh . . .-buh

How often do the buses to . . . run?
Milyen gyakran járnak a buszok . . .-be?
mi-yen d-yukrun yarnuk uh boossok . . .-beh

Would you tell me when we get to . . .?
Meg tudná mondani mikor érkezünk . . .-hoz?
meg toodna monduni mikor ayrkezewnk . . .-hoz

Do I have to get off yet?
Most kell leszállnom?
mosht kell lessallnom

How do you get to . . .?
Hogy lehet . . .-ba eljutni?
hod-yuh lehet . . .-buh el-yootni

Is it very far?
Messze van?
messeh vun

I want to go to . . .
. . .-be szeretnék menni
. . .-beh seretnayk menni

Do you go near . . .?
Elmegy a . . . közelében?
elmed-yuh uh . . . kurzelayben

Where can I buy a ticket?
Hol vehetek jegyet?
hol vehetek yed-yet

Could you help me get a ticket?
Megkérhetem, hogy segítsen jegyet váltani?
megkayrhetem hod-yuh shegeechen yed-yet valtuni

I'd like to buy a day/week/month pass for the bus, please
Napi/heti/havi buszbérletet szeretnék váltani
nupi/heti/huvi boossbayrletet seretnayk valtuni

Could you close/open the window?
Legyenszives becsukni/kinyitni az ablakot?
led-yensivesh bechookni/kin-yitni uz ublukot

When does the last bus leave?
Mikor indul az utolsó buszjárat?
mikor indool uz ootolshaw booss-yarut

Where can I get a taxi?
Hol találhatok taxit?
hol tulalhutok tuxit

I would like you to wait for me here and take me back
Szeretném, ha megvárna és vissza is vinne
seretnaym huh megvarnuh aysh vissuh ish vinneh

Things You'll See

állóhely	standing room
átkelőjárat	passenger ferry service
átszállni	to change
bejárat	entrance
bejárat a másik ajtón	entry at the next door
belépés/belépni tilos	entry/no entry
bérlet	pass
BKV	Budapest Public Transport Network
buszbérlet	bus pass
buszmegálló	bus stop
dohányozni tilos	no smoking
felszállás az első ajtón	entry at the front
felszállás az hátsó ajtón	entry at the rear
földalatti	subway
gyerekjegy	child ticket
havibérlet/hetibérlet	monthly pass/weekly pass
HÉV	Suburban Trains
jegy	ticket
kijárat	exit
kikötőhely	jetty, pier
kishajójárat	passenger ferry service
komp	car ferry
következő megálló	next stop
leszállás	exit
megtelt	full
menetjegy	ticket
menet közben a vezetővel beszélni tilos	do not speak to the driver while vehicle is in motion
menetrend	timetable
napibérlet	day pass
rokkantak részére fenntartott ülőhely	seat reserved for disabled people
sétahajó	river cruise

→

51

Talált Tárgyak Kezelősége	Lost Property
taxiállomás	taxi stand
terhesanyák számára fenntartott ülőhely	seat reserved for pregnant women
tilos a dohányzás	no smoking
utazási igazolvány	travel card
végállomás	terminal
vészkijárat	emergency exit
villamosbérlet	tram pass
villamosjegy	tram ticket
villamosmegálló	tram stop
vizibusz	river bus

DOING BUSINESS

Hungary is in the process of changing to a market economy, and in the long term this will no doubt lead to reliable, strongly motivated markets. In the short term, however, the changeover means turbulence: there are few set standards and few regulatory bodies capable of exercising any authority, so there is no certainty whether the company you are dealing with today will still be in existence tomorrow—or at least in the form you came to know it. On the other hand, the risks you are taking now may well pay off in the near future.

The changes in Hungary did not occur overnight, as they did in other parts of Eastern Europe. The country has a history of liberal economic experimentation and can boast a large number of able middle and top managers, which means that it is perhaps best prepared for the transformation.

Although Hungarian businessmen are generally well-acquainted with Western practices, they have the disadvantage of being used to a centrally planned economy which did not favor dynamic business attitudes. Consequently, they tend to be accustomed to sober figures and not cutthroat bargaining. On the other hand, no price is low enough when it comes to buying Western products.

Hospitality or entertaining your business partner, known as **reprezentáció** (*reprezentatsi-aw*), is an important aspect of doing business in Hungary and, needless to say, is always the responsibility of the host. In company conference rooms, negotiations are always accompanied by some form of catering; and no agreement is reached without dining out in one of the best restaurants in town.

Hungarians have a fairly relaxed notion of time. A delay of ten to fifteen minutes for a business meeting is still considered to be "on time," and longer delays need no more than a simple apology. Be patient!

Women in business are not rare in Hungary, so American businesswomen can expect to be received with the same attention as male business partners.

Showing interest in local issues will help to establish a more relaxed atmosphere. Remember that, although Hungarians have a tendency to be deeply critical about the standards in their country, they are also very much attached to it. There is a vogue of nostalgia for the era of the Austro-Hungarian Empire, the manifestations of which you will find in all walks of life. If you happen to be knowledgeable on the period, you will be able to score a few points. You will also understand why your number one competitors are German-speaking.

USEFUL WORDS AND PHRASES

acceptance	elfogadvány	*elfogudvan-yuh*
accountant	könyvelő	*kurn-yuvelur*
accounting	könyvelési	*kurn-yuvelayshi*
department	osztály	*ossta-yuh*
advertisement	reklám	*reklam*
advertising	hirdetés	*hirdetaysh*
airfreight	légifuvarozás	*laygifoovurozash*
bid (*noun*)	ajánlat	*uh-yanlut*
bill (*of exchange*)	váltó	*valtaw*
board (*of directors*)	igazgatóság	*iguzgutawshag*
brochure	brosúra	*broshooruh*
business card	cégkártya	*tsaygkart-yuh*
businessman	üzletember	*ewzletember*
buy	megvenni	*megvenni*
buyer	vevő	*vevur*
chairman	elnök	*elnurk*
client	ügyfél	*ewd-yufayl*
company	vállalat	*vallulut*
computer	számítógép	*sameetawgayp*
consumer	fogyasztó	*fod-yusstaw*
contract	szerződés	*serzurdaysh*
cost	költség	*kurlchayg*
customer	vásárló	*vasharlaw*
delivery	szállítás	*salleetash*
deposit	letét	*letayt*

director	igazgató	iguzgutaw
discount	árengedmény	arengedmayn-yuh
documents	okmányok, iratok	okman-yok, irutok
down payment	előleg	elurleg
engineer	mérnök	mayrnurk
executive	ügyvezető	ewd-yuvezetur
expensive	drága	draguh
exports	export	export
fax	telefax	telefux
form	nyomtatvány	n-yomtutvan-yuh
import (verb)	importálni	importalni
imports	import	import
inexpensive	olcsó	olchaw
installment	részlet	raysslet
invoice (noun)	számla	samluh
(verb)	számlázni	samlazni
letter	levél	levayl
letter of credit	hitellevél	hitellevayl
loss	veszteség	vesteshayg
manager	ügyvezető	ewd-yuvezetur
	igazgató	iguzgutaw
manufacture	gyártás	d-yartash
margin	haszonrés	hussonraysh
market	piac	pi-uts
marketing	piackutatás	pi-utskootutash
meeting	értekezlet	ayrtekezlet
negotiations	tárgyalás	tard-yulash
offer	ajánlat	uh-yanlut
order (noun)	megrendelés	megrendelaysh
(verb)	megrendelni	megrendelni
personnel	személyzet	semayzet
price	ár	ar
product	termék	termayk
production	termelés	termelaysh
profit	haszon	husson
promotion		
(publicity)	reklámeladás	reklameludash

purchase order	vételi meghatalmazás	*vayteli meghutulmuzash*
sales department	kereskedelmi osztály	*kereshkedelmi ossta-yuh*
sales director	kereskedelmi igazgató	*kereshkedelmi iguzgutaw*
sales figures	kereskedelmi mutatók	*kereshkedelmi mootutawk*
secretary (*female*)	titkárnő	*titkarnur*
(*male*)	titkár	*titkar*
shipment	szállítás	*salleetash*
tax	adó	*udaw*
telex	telex	*telex*
tender	versenytárgyalás	*vershen-yutard-yulash*
total	végösszeg	*vaygursseg*

My name is . . .
A nevem . . .
uh nevem . . .

Here's my card
Tessék, itt a névkártyám
teshayk itt uh nayvkart-yam

Pleased to meet you
Örülök, hogy megismerhettem
ur-rewlurk hod-yuh megishmerhettem

May I introduce . . .
Hadd mutassam be . . .
hud mootushum beh

My company is . . .
A . . . vállalatot képviselem
uh . . . vallulutot kaypvishelem

Our product is selling very well in the US market
Termékünk az amerikai piacon nagyon keresett
termaykewnk uz u-me-ri-kui pi-utson nud-yon kereshet

We are looking for partners in Hungary
A magyar piac kiaknázásához keresünk társat
uh mud-yar pi-uts ki-uknazashahoz kereshewnk tarshut

At our last meeting . . .
Legutóbbi találkozásunkkor . . .
legootawbbi tulalkozashoonkkor

10 percent/25 percent/50 percent
Tíz százalék/huszonöt százalék/ötven százalék
teez sazulayk/hoossonurt sazulayk/urtven sazulayk

More than . . ./Less than . . .
Több mint . . ./Kevesebb mint . . .
turb mint/kevesheb mint

We're on schedule
Minden terv szerint halad
minden terv serint hulud

We're slightly behind schedule
A tervhez képest egy kicsit el vagyunk maradva
a tervhez kaypesht ed-yuh kichit el vud-yoonk murudvuh

Please accept our apologies
Mély sajnálkozásunkat szeretnénk kifejezni a történtekért
*may-yuh shuh-yunalkozashoonkut seretnaynk kifeyezni uh tur-
rtayntekayrt*

There are good government grants available
Nagyon jó állami kedvezmények állnak rendelkezésre
nud-yon yaw allumi kedvezmayn-yek alnuk rendelkezayshreh

It's a deal!
Áll az alku!
all uz ulkoo

I'll have to check that with my chairman
Ezt előbb egyeztetnem kell az elnökünkkel
ezt elurb ed-yeztetnem kel uz elnurkewnkkel

I'll get back to you on that
Erre később visszatérünk
erreh kayshurb vissutayrewnk

Our quote will be with you very shortly
Hamarosan jelentkezünk árajánlatunkkal
humaroshun yelentkezewnk aruh-yanlutoonkkul

We'll send it by fax
Fax útján küldjük
fux oot-yan kewld-yewk

We'll send them airfreight
Légi úton küldjük
laygi ooton kewld-yewk

It's a pleasure to do business with you
Nagy örömünkre szolgál önökkel üzletet kötni
nud-yuh ur-rurmewnkreh solgal urnurkkel ewzletet kurtni

We look forward to a mutually beneficial business relationship
Nézünk elébe egy mindkettőnk számára gyümölcsöző üzleti
kapcsolatnak
*nayzewnk elaybeh ed-yuh mindketturnk samaruh d-yewmurlchurzur
ewzleti kupcholutnuk*

RESTAURANTS

Most main dishes are cooked with pork-fat and seasoned with paprika, but the food in Hungary is not exclusively Hungarian: you will find dishes of Austrian, Slovakian, Serbian, Italian, and even French origin in every local restaurant.

Although there are a few dishes without meat (primarily made with pasta—**tészta** *taysstuh*, or mushrooms—**gomba** *gombuh*), vegetarians will find most menus rather forbidding: Hungarians eat various forms of meat from early morning to late evening. The main type of meat is pork. Poultry and beef are also popular, but a real steak is something of a rarity. You will see many dishes prepared with a variety of freshwater fish: do not miss **halászlé** (*hulasslay*)—a thick, delicious fish soup flavored with paprika and a meal in itself.

Hungarians are fond of soups and, traditionally, meals always start with a bowl of soup as the first course. The variety is astonishing—some are even made from fruits. Even the famous Hungarian goulash started life as (an admittedly very rich) soup, as **gulyásleves** (*goo-yashlevesh*), its local name, bears witness. Meat stews are the most popular main courses and there are three main variations: **pörkölt** (*purkurlt*)—stewed, diced meat with paprika; **paprikás** (*puprikash*)—similar to **pörkölt** but with considerably more paprika, and with sour cream added; and **tokány** (*tokan-yuh*)—where the meat is sliced very thinly and stewed in its own juices.

Pastry (**sütemény** *shewtemayn-yuh*) is simply wonderful in Hungary. Visit a **cukrászda**—a type of tea shop which sells its own cakes and pastries, freshly baked on the premises. Local sweets are enhanced by Viennese patisserie, many recipes for which originated in Hungary anyway. Particularly enticing are the various fillings used for Hungarian pancakes (**palacsinta** *puluchintuh*) which can be sweet or savory: jam, cottage cheese, chocolate, cream, ham, cheese, or mushrooms.

There are various categories of restaurant: an **étterem** is generally a quite chic restaurant, while a **vendéglő** is more mundane, even sober. A **csárda** is a country inn with regional specialties, and a **sörkert** or **söröző** is a cross between a bar and a restaurant. Self-service (**önkiszolgáló**) and fast food (**ételbár, snack-bár, bisztró, büfé**) establishments are also common in most towns and vacation resorts. The opening hours vary but, in general, restaurants are open from 11:30 AM to 11 PM or later. Most restaurants have gypsy music from about 6 PM onward. A tip of about 15 percent is customary.

Between meals, look out for small stands on street corners, where you can buy hamburgers and hot dogs. Around Lake Balaton similar stands offer more local food, such as a variety of broiled meats (**lacikonyha** *lutsikon-yuhuh*), fried fish (**sült hal** *shewlt hul*), or fried crispy doughnuts called **lángos** (*langosh*).

Traditionally a wine-growing region, Hungarian wines are quite outstanding. Between the world-famous Tokay and the fiery red Bull's Blood, there's a whole range of excellent whites and reds ready to be explored—go to a **borkostoló** (wine cellar) or **borozó** (wine bar) to sample these. If beer is more to your taste, try the local **söröző** (*shururzur*).

USEFUL WORDS AND PHRASES

beer	sör	*shur*
bill	számla	*samluh*
bottle	üveg	*ewveg*
bread	kenyér	*ken-yayr*
cake	sütemény	*shewtemayn-yuh*
chef	szakács	*sukach*
coffee	kávé	*kavay*
cup	csésze	*chaysseh*
fork	villa	*villuh*
glass	pohár	*pohar*
knife	kés	*kaysh*
menu	étlap	*aytlup*
milk	tej	*tay*
napkin	kéztörlő, szalvéta	*kayzturlur, sulvaytuh*
pepper	bors	*borsh*
plate	tányér	*tan-yayr*

receipt	recept	*retsept*
red wine	vörösbor	*vurrurshbor*
salt	só	*shaw*
sandwich	szendvics	*sendvich*
soup	leves	*levesh*
spoon	kanál	*kunal*
sugar	cukor	*tsookor*
table	asztal	*usstul*
tea	tea	*teh-uh*
teaspoon	kávéskanál	*kavayshkunal*
tip	borravaló	*borruvulaw*
waiter	pincér	*pintsayr*
waitress	pincérnő	*pintsayrnur*
water	víz	*veez*
white wine	fehérbor	*fehayrbor*
wine	bor	*bor*
wine list	itallap	*itullup*

A table for one/two/four, please
Egy asztalt szeretnék egy/két/négy személyre
ed-yuh usstult seretnayk ed-yuh/kayt/nayd-yuh semayreh

May I see the menu/wine list?
Az étlapot/itallapot, legyenszives?
uz aytlupot/itullupot led-yenssivesh

What would you recommend?
Mit tud ajánlani?
mit tood uh-yanluni

I'd like . . .
Szeretnék egy . . .-t
seretnayk ed-yuh . . .-t

Just a cup of coffee, please
Csak egy csésze kávét kérek
chuk ed-yuh chaysseh kavayt kayrek

61

Waiter!/Waitress!
Főúr!/Kisasszony! Legyenszives!
fur-oor/kishusson-yuh led-yenssivesh

I only want a snack
Csak egy keveset akarok enni
chuk ed-yuh keveshet ukurok enni

I didn't order this
Én nem ezt rendeltem
ayn nem ezt rendeltem

May we have some more . . .?
Kaphatnánk még . . .-t?
kuphutnank mayg . . .-t

The meal was very good, thank you
Nagyon finom volt az étel, köszönöm szépen
nud-yon finom volt uz aytel kurssurnurm saypen

May we have the bill, please?
Legyenszives elkészíteni a számlát?
led-yenssivesh elkaysseeteni uh samlat

My compliments to the chef!
Legyenszives tolmácsolja megelégedésünket a szakácsnak!
led-yenssivesh tolmachol-yuh megelayg-edayshewnket uh sukachnuk

---

THINGS YOU'LL HEAR

Jó étvágyat (kívánok)!
Enjoy your meal!

Mit parancsolnak az urak/hölgyek?
What would the gentlemen/ladies like to order?

MENU GUIDE

lma	apple
lmás rétes	apple strudel
lmával párolt káposzta	cabbage braised with apple
nanász	pineapple
ngolos marhahús	rare steak
ranygaluska	"golden dumpling"—cake with walnuts and raisins
sványvíz	mineral water
sztali bor	table wine
ab	beans
abérlevél	bay leaves
ácskai rostélyos tarhonyával	braised steak with bacon and small grains of pasta
adacsonyi fogas	giant pike/perch fillets in green pepper and tomato sauce
Badacsonyi Szükebarát®	"Gray Friar of Badacsony" (a medium-sweet white wine)
akonyi csirke galuskával	fried chicken in paprika and sour cream sauce with small dumplings
alatoni zöldbabpaprikás	braised green bean stew with a paprika and sour cream base
anán	banana
arack	apricot
arackosfánk	apricot doughnut
árány	lamb
aránycomb pékné módra	roasted leg of lamb with onions and potatoes
arnasör	brown ale
écsi szelet	veal cutlet fried in breadcrumbs
ékacomb rántva	frogs' legs fried in breadcrumbs
élszínérmék gombával	tenderloin steak with mushrooms
élszínfilé	boneless tenderloin steak
esamelmártás	white cream sauce
etyárfogas	pike/perch fillets with mushrooms in sour cream sauce
etyárleves	"outlaw" ragoût—a thick spicy broth with vegetables
irka	mutton

MENU GUIDE

birkacomb kapormártással	roasted leg of mutton in dill and sour cream sauce
birkaszelet vadász módra	mutton cutlets in wine and parsley sauce
bográcsgulyás	goulash soup—thick spicy soup made from diced meat and vegetables
bor	wine
borjú	veal
borjúkotlett kertészné módra	veal chops with asparagus and mixed vegetables
borjúmirigy és velő	veal sweetbreads and brains
borjútokány	veal casserole with onions, mushrooms, and sour cream
borjúvelő	calves' brains
bors	pepper
borsostokány	beef casserole with pepper and onions
boszorkányhab	"witches' froth"—apple and rum mousse
buggyantott tojás	poached eggs
bukta	jam-filled sweet roll
bundás alma	apple fritter
burgonya	potatoes
burgonyapüré	mashed potatoes
burgonyasaláta	potato salad
cékla	beets
cigány marhasült	braised beef with crispy trimmings of bacon and seasoned vegetables
cigánypecsenye	spit-roasted pork cutlets served with vegetables
citrom	lemon
cukkini	zucchini
csángó gulyás	sauerkraut and beef stew with paprika and sour cream
császármorzsa	crumbs of cornmeal baked with egg white, raisins, and jam
császárszelet	veal chops in lemon and sour cream sauce
cseresznye	cherry
csiga házába töltve	snails served in their shells
csikóstokány	beef casserole with diced bacon, onions, tomatoes, and green peppers
csirke	chicken
csirke becsinált	chicken ragoût
csirke nyárson	chicken roasted on a spit

csokoládémáz	chocolate icing
csontleves	clear meat soup
csuka	pike
daragaluska	small cornmeal dumplings
daragombóc	cornmeal dumpling
darázsfészek	"wasps' nest"—pinwheel-shaped cake with nut filling
datolya	dates
debreceni rostélyos	braised steak with sausages
debreceni tokány	beef casserole with onions, bacon, and sausages
derelye	ravioli filled with jam, cheese, or meat
dinsztelt marhahús	braised beef
dinsztelt vöröskáposzta	braised red cabbage
dió	walnuts
diós metélt	sweet pasta with walnuts
diótorta	walnut gâteau
disznóhús	pork
disznócsülök káposztával	smoked pig's knuckles with sauerkraut
disznósajt	pig's head
Dobostorta	gâteau with a chocolate cream filling and hard caramel topping
ecet	vinegar
édes bor	sweet wine
édességek	sweets, desserts
édes tészták	pasta desserts
egres	gooseberry
egresfelfújt	gooseberry fool
Egri Bikavér®	"Bulls' Blood of Eger"—fiery red wine
Egri Leányka®	"Little Girl of Eger"—medium-dry white wine
előételek	appetizers
eper	strawberries
eperhab	strawberry mousse
erdélyi fatányéros	mixed grill of pork, beef, veal, and goose liver roasted on a spit
erdélyi tokány	Transylvanian beef casserole with bacon
erőleves	broth
erőleves húsgombóccal	broth with meat dumplings
Eszterházy rostélyos	braised steak with vegetables and sour cream
fácán	pheasant

MENU GUIDE

fahéj	cinnamon
fánk	jam doughnut
fasírozott	seasoned beef and pork meatballs
fehérbab	dried white beans
fehérbor	white wine
fehérbors	white pepper
fejes saláta	lettuce
feketebors	black pepper
feketekávé	black coffee
félédes bor	medium-sweet wine
felfújt	soufflé
felvágott	salami, cold meats
filézett rántott csirke	boneless breaded chicken
finomfőzelék	mixed carrots, peas, and diced kohlrabi in a sour cream sauce
finommetélt	thin egg noodles
fogas	Lake Balaton giant pike/perch
fogasfilé Bakony módra	fillets of pike/perch in paprika and sour cream sauce
fogolypecsenye	greased roasted fowl
fokhagyma	garlic
főételek	main courses
főtt	boiled
főtt kukorica	corn on the cob
főzelék	vegetable dish with stewed or fried meat, in a thick sour cream sauce
franciakrémes	custard cube with caramel topping
franciasaláta	peas, carrots, and turnips mixed in mayonnaise
füge	figs
fürjtojás	quail's egg
füstölt főtt csülök tormával	smoked and boiled pig's knuckles with horseradish
füstölt marhanyelv	smoked ox tongue
galuska	small soft dumplings
gesztenye	chestnuts
gesztenyepüré	sweetened chestnut purée topped with whipped cream
gomba	mushrooms
gombakrémleves	cream of mushroom soup
gombásrizs	mushrooms, rice, and green peas

̦ombástokány	beef casserole with mushrooms and onions
̦omboc	ball, dumpling
̦öngyölt felsál	beef olive, greased and braised
̦örögdinnye	watermelon
̦ulyásleves	goulash soup
̦undel palacsinta	crepes filled with nut and raisin paste, served in chocolate sauce, sprinkled with rum and set alight
̦yömbér	ginger
̦yuvecs	spicy summer vegetable casserole
̦yümölcs	fruits
̦yümölcslé	fruit juice
̦ab	mousse
̦abosszilva	plum and chocolate mousse
̦agyma	onions
̦agymástokány	beef casserole with onions, marjoram, and sour cream
̦ajdúsági csirketokány	chicken fricassée with smoked bacon, pepper, and onion
̦al	fish
̦alászlé	fish soup
̦alfilé roston	broiled fillets of fish
̦alkocsonya	fish in gelatin
̦arcsa	catfish
̦arcsaszeletek rántva	baked and breaded catfish fillets
̦átszínszelet makói módra	broiled rumpsteak
̦entestokány	beef stew and hot dog sausage slices
̦ét vezér tokány	casserole of pork, veal, and beef with smoked bacon
̦ideg előételek	cold appetizers
̦ideg gyümölcsleves	cold, creamy soup made from mixed fruits and cinnamon
̦ideg meggyleves	cold, creamy morello cherry soup with cinnamon
̦ortobágyi húsospalacsinta	crepes filled with ground meat and with a sour cream dressing
̦ortobágyi rostélyos galuskával	braised steak with small soft dumplings in a paprika and sour cream sauce
̦ús	meat
̦úsleves	broth
̦úspástétom	meat pie

hússaláta	meat salad
ínyencségek	specialties
ízestekercs	jam roll
joghurt	yogurt
Jókai bableves	bean soup with smoked pig's knuckles and sour cream
juhtúró	ewe's cheese (similar to cottage cheese)
kacsa	duck
kacsapecsenye	roasted duck
kapor	dill
kaporleves	fresh dill soup with milk and cream
káposzta	cabbage
káposztásgombóc	dumplings stuffed with cabbage, rolled in grated cheese and baked
káposztáskocka	pasta with cabbage and paprika
karalábé	kohlrabi
karfiol	cauliflower
karfiol krémleves	cream of cauliflower soup
kávé	coffee
kecskeméti hírös palacsinta	crepes filled with apricot jam, sprinkled with apricot **pálinka** (brandy) and set alight
kelbimbó	Brussels sprouts
kelbimbó kontinentál	baked Brussels sprouts
kelkáposztafőzelék	cooked Savoy cabbage in a sauce thickened with flour and butter
keménytojás	hard-boiled egg
kenyér	bread
képviselőfánk	custard-filled doughnut, sometimes with chocolate icing
keszeg	bream (type of fish)
kifli	crescent-shaped roll
kijevi pulykamell	breaded, cheese-filled breasts of turkey
kocsonya	meat in gelatin or haslet
kókusz	coconut
kókusztekercs	coconut roll
kolbász	Hungarian spicy paprika sausage
kolozsvári gulyás	Transylvanian goulash stew with cabbage
kolozsvári rakottkáposzta	Transylvanian baked sauerkraut
kolozsvári töltöttkáposzta	Transylvanian stuffed cabbage
konyhafőnök ajánlata	chef's special

korhelyleves	"Tippler's soup"—sauerkraut soup with bacon, smoked sausage, and grains of pasta—reputed to cure hangovers
kovászos uborka	pickles
kömény	caraway seeds
köretek	vegetable side dishes
körítések	garnishes for soup
körömpörkölt	pig's knuckle casserole
körözött	ewes' cheese spread
körte	pears
krumpli	potatoes
kukorica	sweetcorn
lágy sajt	soft cheese
lágytojás	soft-boiled egg
lángos	savory doughnuts sprinkled with garlic oil
lé	juice
lecsó	green pepper and tomato stew
lekvár	jam
lencse	lentils
lepény	pie
leves	soup
liba	goose
libaaprólékos rizottó	goose giblet risotto
libamáj	goose liver
libamájpástétom	goose liver pâté
libamáj rántva	goose liver fried in breadcrumbs
libapecsenye	roasted goose
libatepertő	goose crackling
limonádé	lemonade
linzer	linzer shortcake
liptói sajt	savory cream cheese
lucskoskáposzta	Transylvanian cabbage stew
madártej	"floating island"—soft custard topped with poached meringues
máglyarakás	apple, chopped nuts, and raisins on a rum-flavored sponge base, topped with apricot jam meringue and baked
magyaros burgonyaleves	potato soup with sour cream
magyaros hidegtál	assorted cold meats
máj	liver
májas gombóc	liver dumplings poached in broth

májas hurka	type of haggis filled with rice, pork liver, and spices
májgaluska	small liver dumplings
majonézmártás	mayonnaise
majonézes burgonyasaláta	potato salad with mayonnaise
majorannás krumpli	sautéed potatoes seasoned with marjoram
mák	poppy seed
mákos metélt	sweet pasta with ground poppy seed
mákos rétes	strudel with poppy seed cream filling
malac	suckling pig
malacpecsenye/malacsült	roasted suckling pig
málna	raspberry
málnaszörp	raspberry juice
mandula	almonds
marha	beef
marhahús angolosan	rare steak
marhahús cigányosan	steak with slices of bacon
marhapörkölt	beef casserole
mártás	sauce
meggy	morello cherry
meggyes rétes	morello cherry strudel
meleg előételek	hot appetizers
melegszendvics	hot sandwiches
metélt	sweet pasta
menü	menu
méz	honey
milánói makaróni	pasta with ham and mushroom sauce
minőségi bor	quality wine
mogyorótorta	hazelnut gâteau
mustár	mustard
napi ajánlatunk	today's special
narancs	orange
natúrszelet	sautéed pork cutlets
női szeszély	"lady's whim"—rich cake with raspberry jam and nut meringue
nyárson sült	roasted on a spit
nyelv	tongue
nyúl	rabbit, hare
nyúlpörkölt	hare casserole
nyúlragu	hare stew

•laj	oil
•mlett	omelette
•rjaleves	pork broth
•rosz kaviár vajjal citrommal	Russian caviar with butter and lemon
•rosz krémtorta	rum-flavored cream gâteau
•szibarack	peaches
•zhúsleves	venison soup
•acal	tripe
•acalpörkölt	tripe casserole
•adlizsán	eggplants
•adlizsánpástétom	eggplant purée
•alacsinta	pancakes
•alinka	Hungarian fruit brandy
•alócgulyás	lamb goulash stew
•alócleves	mutton goulash soup
•aprikás	diced meat stewed in paprika and sour cream
•aprikás burgonya	potatoes stewed in paprika and sour cream
•aprikás csirke galuskával	chicken fricassée in paprika and sour cream sauce with small dumplings
•aprikásszelet	pork cutlets with potatoes in paprika and sour cream sauce
•aradicsom	tomatoes
•aradicsomos tökfőzelék	squash in thick tomato sauce
•aradicsomsaláta	tomato salad
•araj	spinach
•arfé	layers of ice cream and fruit
•árizsi szelet	pork cutlets fried in batter
•árolt	braised
•árolt marhasült	braised beef
•ászkagombóc	dumpling made of unleavened bread
•etrezselyem	parsley
•etrezselymes burgonya	potatoes cooked with parsley
•irítós	toast
•irított burgonya	roasted potatoes
•irított máj	sautéed liver
•irított zsemlekocka	croûtons
•irospaprika	paprika
•iskóta	sponge cake
•iskótatekercs	jam roll
•isztráng egészben	fried whole trout

MENU GUIDE

ponty	carp
pontypaprikás galuskával	carp fillets in paprika and sour cream sauce with small dumplings
pogácsa	savory scone
pörkölt	casserole made with seasoned diced meat
pörkölt rostélyos	stewed steak
puliszka	cornmeal porridge
pulyka	turkey
pulykamell	turkey breast
pulykapecsenye	roasted turkey
puncstorta	rich rum-flavored gâteau
rablóhús	pieces of beef, kidney, pork, chicken, bacon, mushroom, green pepper, and purple onions roasted on a spit
rácponty	roasted carp with ground onions, paprika, and sour cream
raguleves	soup made from diced meat and vegetables
rák rizottó	shellfish risotto
rakott	layered
rakott burgonya	potato casserole with sausage slices and sour cream
rakott kelkáposzta	Savoy cabbage bake with ground meat
rakott kelvirág	cauliflower bake with ground meat
rakott metélt	baked sweet pasta with ground walnuts or poppy seed
rakott padlizsán	eggplant and ground meat bake
rántott	breaded
rántott gombafejek tartármártással	breaded mushrooms in tartar sauce
rántott hús	breaded pork chops
rántott sertésborda	pork chops fried in breadcrumbs
rántottszelet	pork cutlets fried in breadcrumbs
retek	radish
rétes	strudel
ribizli	red currant
Rigó Jancsi	chocolate whipped cream gâteau
ringló	greengages (type of plum)
rizibizi	rice mixed with peas
rizsfelfújt	rice soufflé
rizsköret	rice garnish
rókagomba	chanterelle (type of mushroom)

rostélyos	braised steak
roston/rostonsült	broiled
rozmaring	rosemary
sajt	cheese
sajtos omlett	omelette with cheese
sajttál zöldkörettel	cheeseboard with salad
saláta	salad
sampinyongomba	champignon (type of mushroom)
sárgabarack	apricot
sárgaborsó	dried peas
sárgadinnye	honeydew melon
sárgarépa	carrots
savanyú káposzta	sauerkraut
savanyúság	pickles
savanyú uborka	pickles
serpenyős rostélyos	braised beef and vegetables
sertés	pork
sertéscsülök pékné módra	pork knuckles braised with onions and potatoes
sertéshúspogácsa	ground pork balls
sertéskocsonya	pork meat in gelatin
sertésoldalas	pork ribs
sertéspörkölt galuskával	pork casserole with soft dumplings
só	salt
sólet füstölt tarjával	baked beans with smoked spareribs
somlói galuska	cubes of rum-flavored sponge cake in chocolate sauce, topped with cream
sonka	ham
sonkás palacsinta	crepes filled with diced ham
Soproni Kékfrankos®	a medium-dry red wine
sorbet	sherbet
sóska	sorrel
sós sütemény	savory cakes made from thin, flaky pastry
sör	beer
spárga	asparagus
spárga krémleves	cream of asparagus soup
spárga vajas morzsával	asparagus with breadcrumbs baked in butter
specialitások	specialties
spenót	spinach
spenótbomba	spinach fritters

Stefániatekercs	pot-roasted beef roll filled with hard-boiled eggs
Stefániatorta	chocolate gâteau
stíriai metélt	sweet pasta pudding made with breadcrumbs, eggs, raisins, and chopped nuts
süllő	pike/perch
sült	fried, roasted
sült burgonya	French fries
sütemények	pastry
svájci sajtfondue	cheese fondue
svéd gombasaláta	mushroom salad
szalmakrumpli	potato chips
szalonna	bacon
szalontüdő	lungs in sour cream
szamóca	wild strawberries
szárazbableves	haricot bean soup
szárazbor	dry wine
szárnyas	poultry, fowl
szárnyasaprólék-kocsonya	fowl giblets in gelatin
szárnyaskrémleves	cream of fowl soup
szarvasgomba	truffles
szarvas magyarosan	haunch of venison in paprika and sour cream sauce
szegedi gulyás	beef goulash with bacon and sauerkraut
szegfűszeg	cloves
székelygulyás	Transylvanian sauerkraut and pork stew with paprika and sour cream
szendvicsek	sandwiches
szerb gulyás	Serbian goulash stew with cabbage
szerecsendió	nutmeg
szilvásgombóc	plum dumplings in breadcrumbs
szódavíz	soda water
szőlő	grapes
szörp	fruit juice
szűzpecsenye	roasted tenderloin of pork
tarhonya	fine grains of pasta made from eggs and barley
tárkony	tarragon
tartármártás	tartar sauce

tatár bifsztek	raw ground beef mixed with a yolk and various spices served with toasted bread
tavaszi saláta	spring salad—cucumbers, tomatoes, turnips, radish, and lettuce in dressing
tea	tea
tej	milk
tejberizs	rice pudding
tejeskávé	coffee with milk
tejföl	sour cream
tejfölös bableves	bean soup with sour cream
tejszín	cream
tejszínhab	whipped cream
téliszalámi	Hungarian salami
temesvári sertésborda zöldbabbal	Transylvanian pork cutlets with green beans
tengeri hal	saltwater fish
tepertős pogácsa	savory scone baked with pork crackling inside
tészták	pastry, sweet pasta dish
tojás	egg
Tokaji Aszú*	Tokay, a very sweet white wine
Tokaji Furmint*	a medium-dry white wine
Tokaji Szamorodni*	a dry white wine
tokány	casserole made with onions and diced meat
tonhal Orly módra	tuna fried in batter and served with tomato sauce
torta	gâteau
tök	squash
tökfőzelék	squash in thick sour cream sauce
töltött	stuffed
töltött fasírozott	meat loaf stuffed with hard-boiled eggs
töltött paprika	stuffed green peppers in tomato sauce
töpörtyű	pork or goose crackling
tüdő	cow's lungs
túró	cottage cheese
túróscsusza tepertővel	pasta with cottage cheese, pork crackling, and sour cream
túrós metélt	pasta with soft white cheese, bacon, and sour cream
túrós palacsinta	crepes with sweet cottage cheese and raisin filling
túrós pite	sweet cottage cheese pie

MENU GUIDE

túróspogácsa	scone containing soft white cheese
túrós puliszka	cornmeal porridge with cottage cheese
túrós rétes	cheese strudel
tűzdelt fehérpecsenye	greased tenderloin steak
tűzdelt nyúlgerinc	greased saddle of hare
tyúkhúsleves	chicken broth
uborka	cucumber
uborkasaláta	cucumber salad
Újházy tyúkhúsleves	chicken soup garnished with thin egg noodles, liver and/or cornmeal dumplings and vegetables
ürü	mutton
ürüborda	mutton chop
ürücomb	leg of mutton
vadas	sauce served with game or beef, made from lemon juice, mustard, sour cream, and diced vegetables
vadasan	meat braised with red onions, vegetables and spices, and served with game sauce
vaddisznó erdész módra	haunch of wild boar with mushrooms, bacon, and potatoes
vaddisznósült borosmártással	roasted wild boar cutlets in wine sauce
vadszárnyas	fowl
vagdalt libamelle	goose-meat loaf
vaj	butter
vanília	vanilla
vargabéles	cake made with curd, vanilla, and raisins
vegyes saláta	mixed salad
velő	brains
véres hurka	fried black pudding
vesepörkölt	cow's heart and kidney casserole
vesepecsenye	calf's kidneys in mustard sauce
virsli	sausages
vitaminsaláta	grated cabbage, carrot, radish, and onion salad
vörösbor	red wine
vöröshagyma	purple onions
zabpehely	oat flakes
zeller	celery
zellerkrémleves	cream of celery soup

zöldbab	green beans
zöldborsó	peas
zöldpaprika	green pepper
zöldségleves	mixed vegetable broth
zsemle	bread roll
zsemlegombóc	potato and bread dumplings
zserbószelet	cake with chocolate icing, made up of alternate layers of apricot jam, nuts, and chocolate cream
zsiványpecsenye	mixed roasted meat

SHOPPING

Stores in Hungary have no midday break and are open
generally from 9 AM to 6 PM Mondays to Fridays, and until
1 PM on Saturdays. On Sundays most stores are closed. Many
stores are open until 8 PM on Thursdays; some are open 24
hours a day. Food stores and supermarkets are open from 7 AM
to 7 PM throughout the week, but on Saturdays they close at
2 PM. On Sundays you can buy fresh bakery and dairy products
until 2 PM from a number of restaurants and pastry shops.
Candy stores, florists, and tobacco stores tend to stay open on
Sundays until 1 PM.

Open markets (**piac** *pi-uts*) in Hungary are a real experience:
fruits and vegetables are displayed in great quantities, but you
can also buy meat, fish, household items, clothes—almost
anything. A typical Budapest market is the **Lehel-piac**, in the
13th district, but the largest is the **Bosnyák téri piac** in the 14th.

USEFUL WORDS AND PHRASES

bakery	pékség	*paykshayg*
battery	elem	*elem*
bookstore	könyvesbolt	*kurn-yuveshbolt*
boutique	butik	*butik*
butcher	hentes	*hentesh*
buy	vásárolni, venni	*vasharolni, venni*
cash register	kassza	*kussuh*
color film	szines film	*sinesh film*
department store	áruház	*aroo-haz*
embroidery	kézimunka	*kayzimoonkuh*
expensive	drága	*draguh*
fashion	divat	*divut*
fish market	halárus	*hularoosh*
florist	virágüzlet	*virag-ewzlet*
grocer	fűszeres	*fewsseresh*
hardware store	vasáru	*vusharoo*

inexpensive	olcsó	*olchaw*
jeweler	ékszerész	*ayksserays*
market	piac	*pi-uts*
menswear	férfiáru	*fayrfi-aroo*
newsstand	újságos	*oo-yushagosh*
pastry shop	cukrászda	*tsookrassduh*
pharmacist	patika	*putikuh*
receipt	nyugta	*newgta*
record store	hanglemezbolt	*hunglemezbolt*
sale	leértékelés	*ley-ayrtaykelaysh*
shoe store	cipőbolt	*tsipurbolt*
go shopping	vásárolni	*vasharolni*
souvenir shop	ajándékbolt	*uy-yandaykbolt*
special offer	különleges ajánlat	*kewlurnlegesh uh-yanlu*
spend	költeni	*kurlteni*
stationer	papírbolt	*puppirbolt*
store	üzlet, bolt	*ewzlet, bolt*
supermarket	ábécé/ABC	*abaytsay*
tailor	szabó	*subbaw*
toy store	játékbolt	*yataykbolt*
travel agent	utazási iroda	*ootuzashi iroduh*
women's wear	nőinemű	*nurinemew*

I'd like . . .
Szeretnék egy . . .-t
seretnayk ed-yuh . . .-t

Do you have . . .?
Kapható önöknél . . .?
kuphutaw urnurknayl

How much is this?
Ez mennyibe kerül?
ez menn-yibeh kerewl

Where is the . . . department?
Hol találom a . . . osztályt?
hol tulalom uh . . . ossta-yut

Do you have any more of these?
Van még ebből?
vun mayg ebburl

I'd like to change this, please
Ki szeretném ezt cserélni
ki seretnaym ezt cheraylni

Do you have anything less expensive?
Ennél olcsóbb nincs?
ennayl olchawb ninch

Do you have anything larger/smaller?
Ennél nagyobb/kisebb nincs?
ennayl nud-yob/kishebb ninch

Does it come in other colors?
Más színben is kapható?
mash seenben ish kuphutaw

Could you wrap it for me?
Legyenszives becsomagolni?
led-yenssivesh bechomugolni

May I have a receipt?
Kaphatnék róla számlát?
kuphutnayk rawluh samlat

May I have a bag, please?
Kaphatnék egy szatyrot?
kuphutnayk ed-yuh sut-yurot

May I try it (them) on?
Felpróbálhatom?
felprawbalhutom

Where do I pay?
Hol lehet fizetni?
hol lehet fizetni

I'd like to return this
Vissza szeretném ezt cserélni
vissuh seretnaym ezt cheraylni

May I have a refund?
Visszakaphatnám a pénzemet?
vissukuphutnam uh paynzemet

I'm just looking
Csak körülnézek
chuk kur-rewlnayzek

I'll come back later
Később visszajövök
kayshurb vissuh-yurvur

THINGS YOU'LL SEE

a felső szinten	on the upper floor
alagsor	basement
ár	price
áru	goods
áruház	department store
az alsó szinten	on the lower floor
az áruhoz hozzányúlni tilos	please do not touch
bébiruházat	baby clothes
bőráru	leather goods
bőrdíszmű	leather goods
cipőbolt	shoe store
cukrászda	pastry shop
csemegebolt	delicatessen
csipkeáru	lace articles
divat	fashion
divatáru	confectionery
dohányáru	tobacco store
ékszerész	jeweler
élelmiszerbolt	groceries/food store
első emelet	second floor
em.	floor
emelet	floor
esernyőjavítás	umbrella repair
fagylaltos	ice cream vendor
férfi osztály	men's department
férfi ruha	men's clothing
földszint	first floor
fszt.	first floor
gyermekosztály	children's department
gyümölcskereskedés	fruit store
hentesáru	butcher
hiánycikk	in short supply
illatszerbolt	cosmetics store
játékbolt	toy store

→

kifogyott	out of stock
konfekció	confectionery
könyvesbolt	bookstore
különleges ajánlat	special offer
leértékelés	sale
leértékelt	reduced
minőségi áru	quality product
műszaki áru	household appliances
népművészeti bolt	folklore/crafts shop
női osztály	women's wear
női ruha	women's clothing
nyári vásár	summer sale
olcsó	inexpensive
órajavítás	watch repair
órás- és ékszerész	watchmaker and jeweler
önkiszolgáló	self-service
ötvösmester	goldsmith/silversmith
papír- és írószer	stationery/office supplies
pékség	bakery
pénzt vissza nem adunk	no refunds
pénzt vissza nem térítünk	no cash refunds
pénztár	cash register
piac	market
porcelán	china
próbafülke	changing rooms
sportáru	sportswear and equipment
szabadidőruházat	casual wear
szőrmeáru	fur store
tessék kosarat venni	please take a basket
utazási iroda	travel agent
vásár	sale
vásárcsarnok	market hall
virágkereskedés	flower store
zeneműbolt	music store
zöldséges	fruit and vegetable store

THINGS YOU'LL HEAR

Tetszik parancsolni?
Are you being served?

Mivel szolgálhatok?
How can I help you?

Segíthetek?
May I help?

Kissebb címletű pénze nincs?
Do you have smaller bills (money)?

Aprópénze nincs?
Do you have any coins?

Sajnos ez a cikk kifogyott
I'm sorry, we're out of stock

Mással sajnos nem szolgálhatok
This is all we have

Ez minden?
Will this be all?

Mást nem óhajt?
Will there be anything else?

SPORTS

Riding, canoeing, fishing, cycling, and hunting are popular sports in Hungary. Although there are only a few bicycle lanes, the flatness of the country makes it very suitable for cycling. If you travel by train, you can rent a bicycle from certain railroad stations. If you want to go fishing, all you need is a license, which you can obtain at most travel agencies, hotels, and also campsites. Lake Balaton and some smaller lakes have ample facilities for all sorts of water sports: swimming, diving, sailing, windsurfing, rowing, canoeing, etc.

Budapest has several outdoor swimming pools, known as **strand**, and three indoor swimming pools, known as **uszoda**. Access to two of the indoor pools is restricted, as the national swimming teams train there. Most swimming pools have at least one pool filled with water from a thermal spring. In the winter an artificial ice rink is formed in the drained basin of the City Park's lake. Skates can be rented at the rink.

The greatest spectator sport is still undoubtedly soccer. Hungarians also enjoy watching water polo, table tennis, and fencing—sports at which their countrymen excelled in the past.

USEFUL WORDS AND PHRASES

athletics	atlétika	*utlaytikuh*
badminton	tollaslabda	*tollushlubduh*
ball	labda	*lubduh*
bicycle	bicikli	*bitsikli*
canoe	kajak, kenu	*kuh-yuk, kenoo*
canoeing	kajakozás,	*kuy-yukozash,*
	kenuzás	*kenoozash*
cycling trip	kerékpártúra	*keraykpartooruh*
diving (*scuba*)	könnyübúvárkodás	*kurn-yewboovarkodash*
diving board	ugródeszka	*oograwdesskuh*
fishing	horgászás	*horgassash*
fishing rod	horgászbot	*horgassbot*
flippers	uszony	*oosson-yuh*

goggles	úszószemüveg	*oossawssemew-veg*
golf	golf	*golf*
golf clubs	golfütők	*golfewturk*
golf course	golfpálya	*golfpa-yuh*
ice hockey	jégkorong	*yaygkorong*
ice rink	jégpálya	*yaygpa-yuh*
jogging	dzsogging	*jogging*
lake	tó	*taw*
orienteering	terepfutás	*terepfootash*
racket	ütő	*ewtur*
riding	lovaglás	*lovuglash*
river	folyó	*fo-yaw*
rowboat	evezős csónak	*evezursh chawnuk*
rowing	evezés	*evezaysh*
run (*verb*)	futni	*footni*
sailboard	surf	*surf*
sailing	vitorlázás	*vitorlazash*
skate (*verb*)	korcsolyázni	*korcho-yazni*
skates	korcsolya	*korcho-yuh*
soccer	futball	*footbul*
soccer field	futballpálya	*footbulpa-yuh*
soccer match	futballmeccs	*footbulmech*
stadium	stadion	*shtudi-on*
swim	úszni	*oossni*
swimming pool		
(*indoor*)	uszoda	*oossoduh*
(*outdoor*)	strand	*shtrund*
tennis	tenisz	*tenniss*
tennis court	teniszpálya	*tennisspa-yuh*
volleyball	röplabda	*rurplubduh*
walking	gyaloglás	*d-yuloglash*
water-skiing	vizisíelés	*vizishee-elaysh*
water skis	vizisí	*vizishee*
water sports	vizisport	*vizishport*
wet suit	búvárruha	*boovarroohuh*
windsurfing	surfelés	*surfelaysh*
yacht	vitorláshajó	*vitorlash-huh-yaw*

How deep is the water here?
Milyen mély itt a víz?
mi-yen may-yuh itt uh veez

Is there an indoor/outdoor pool here?
Van nyitott/fedett uszodájuk?
vun n-yitott/fedett oossoda-yook

Is it safe to swim here?
Nem veszélyes itt úszni?
nem vessayesh itt oossni

Can I fish here?
Lehet itt horgászni?
lehet itt horgassni

Do I need a license?
Kell-e engedély?
kel-eh engeday

I would like to rent a bike
Szeretnék bérelni egy biciklit
seretnayk bayrelni ed-yuh bitsiklit

How much does it cost per hour/day?
Mennyibe kerül egy órára/napra?
menn-yibeh kerewl ed-yuh awraruh/nupruh

I would like to take windsurfing lessons
Surfelési leckét szeretnék venni
surfelayshi letskayt seretnayt venni

Where can I rent . . .?
Hol bérelhetek . . .-t?
hol bayrelhetek . . .-t

Things You'll See

a medencében az úszósapka használata kötelező	bathing caps must be worn in the pool
a medencében labdázni tilos	no ball games in the pool
a vízbe ugrani tilos	no diving in the pool
a zuhanyozó használata kötelező	use of the showers is obligatory
belépőjegy	tickets
bérelhető	for rent
értékmegőrző	safe deposit
fejest ugrani tilos	no diving
férfi napozó	sunbathing area for men only
férfi öltöző	men's changing rooms
futballpálya	soccer field
fürödni tilos	no swimming
gyalogösvény	footpath
horgászni tilos	no fishing
kerékpár	bicycles
kerékpárösvény	cycle path
kiadó	for rent
labdázásra kijelölt terület	area reserved for ball games
labdázni tilos	no ball games
lóversenypálya	racecourse
medence	pool
motorcsónak kikötő	marina
női napozó	sunbathing area for women only
női öltöző	women's changing rooms
sportközpont	sports center
tilos a búvárkodás	no diving
tilos a horgászás	no fishing
vizisí-lecke	water-skiing lessons
zuhanyozó	showers

POST OFFICES AND BANKS

Post offices are open from 8 AM to 6 PM Mondays to Fridays, and from 8 AM to 2 PM on Saturdays. Two special post offices at the main railroad stations in Budapest (**Budapest Keleti** and **Budapest Nyugati pályaudvar**) remain open around the clock, even on Sundays. Mailboxes are painted red and are marked **Magyar Posta**. They are usually fixed to the external walls of buildings or stand on wrought-iron legs. There are generally three collections a day.

Most financial institutions called **banks** are in fact commercial banks dealing with business and industry rather than individuals. However, given the liberalization under way in the economy, even these big banks will have customer departments where simple currency exchange transactions are performed. The only nationwide bank which provides a personal banking service for the individual is the **Országos Takarékpénztár** (National Savings Bank). Opening hours are from 9 AM to 5 PM. You can also change money in main travel agencies, and some of their offices are open as late as 8 or even 10 PM. There are also currency exchange desks in most major hotels. The Hungarian unit of currency is the **forint** which is equal to 100 **fillér**.

USEFUL WORDS AND PHRASES

airmail	légiposta	*laygiposhtuh*
bank	bank	*bunk*
bill (*currency*)	bankjegy	*bunk-yed-yuh*
cashier	pénztár	*paynztar*
change (*verb*)	beváltani	*bevaltuni*
check	csekk	*chekk*
counter	pult	*poolt*
customs form	vámárunyilatkozat	*vamaroon-yilutkozut*
delivery	kézbesítés	*kayzbesheetaysh*
deposit	letét	*letayt*
dollar	dollár	*dol-lar*
exchange rate	valutaárfolyam	*vulootuh-arfo-yum*

form	nyomtatvány	n-yomtutvan-yuh
letter	levél	levayl
letter carrier	postás	poshtash
mail (*noun*)	posta	poshtuh
(*verb*)	feladni	feludni
mailbox	postaláda	poshtuladuh
money order	pénzutalvány	paynzootulvan-yuh
package	csomag	chomug
picture postcard	képeslap	kaypeshlup
post office	posta	poshtuh
post office box	postafiók	poshtufi-awk
postage rates	postai díjszabás	poshtuh-i dee-yussubash
postal order	postautalvány	poshtuh-ootulvan-yuh
postcard	levelezőlap	levelezurlup
poste restante	poste-restante	post-restunt
pound sterling	font sterling	font shterling
registered letter	ajánlott levél	uh-yanlott levayl
stamp	bélyeg	bay-yeg
surface mail	nem légiposta	nem laygiposhtuh
telegram	távirat	tavirut
traveler's check	travellercsekk	trevelerchekk
zip code	irányítószám	iran-yeetawssam

How much is a letter/postcard to . . . ?
Mennyibe kerül egy levél/képeslap . . .-ba?
menn-yibeh kerewl ed-yuh levayl/kaypeshlup . . .-buh

I would like three 10-forint stamps
Három tizforintos bélyeget kérek
harom tizforintosh bay-yeget kayrek

I want to register this letter
Ezt a levelet ajánlva szeretném feladni
ezt uh levelet uh-yanlvuh seretnaym feludni

I want to send this package to . . .
Ezt a csomagot . . .-ba szeretném küldeni
ezt uh chomugot . . .-buh seretnaym kewldeni

How long does the mail to . . . take?
Mennyi idő alatt ér . . .-be egy küldemény?
menn-yi idur ulut ayr . . .-beh ed-yuh kewldemayn-yuh

Where can I mail this?
Hol adhatom ezt fel?
hol udhutom ezt fel

Is there any mail for me?
Jött levelem?
yurt levelem

I'd like to send a telegram
Egy táviratot szeretnék feladni
ed-yuh tavirutot seretnayk feludni

This is to go airmail
Ez légiposta
ez laygiposhtuh

I'd like to change this into . . .
Be szeretném ezt váltani . . .-ra
beh seretnaym ezt valtuni . . .-ruh

May I cash these traveler's checks?
Beváltják a travellercsekket?
bevalt-yak uh trevellerchekket

What is the exchange rate for the dollar?
Mi a dollár árfolyama?
mi uh dol-lar arfo-yumuh

91

THINGS YOU'LL SEE

ajánlott küldemény	registered mail
belföldi díjszabás	domestic postage
bélyeg/bélyegárusítás	stamp/stamps
bérmentesítés	postage
cím	address
címzett	addressee
csomag	package
csomagfelvétel	packages counter
díj	charge
expressz	express
feladó	sender
helység	place
irányítószám	zip code
kitölteni	fill in
kiürítés ideje	collection times
külföldi díjszabás	postage abroad
légiposta	airmail
levél	letter
levélfelvétel	letters counter
Magyar Posta	Hungarian Post Office
maximális súly	maximum weight
nyitvatartási idő	opening hours
nyomtatványként	to be charged at printed matter rate
pénztár	cash register
pénzutalvány	money orders
pénzváltás	currency exchange
posta	post office
postafiók	post office box
postahivatal	post office
súlyhatár	weight limit
sürgős	urgent
táviratfelvétel	telegrams counter
valutabeváltás	currency exchange

TELEPHONES

Local calls can be made with a 20-**forint** coin. This allows you to speak for up to three minutes throughout the day, and for up to six minutes after 6 PM. Public phones allow you to make long-distance calls as well, and most of them work with a phonecard.

Domestic long-distance calls can be made by dialing 06 first, followed by the area code and then the phone number. Make sure you wait for the long-distance dial tone after you dial 06.

To make an international call dial 00, wait for the new dial tone, then dial the country code (1 for the US), area code, and phone number. For long-distance calls, use 50- and 100-**forint** coins.

If you wish, you may also go through the operator; but this generally takes a long time. In case of emergency, dial 104 for the ambulance service, 105 for the fire department, or 107 for the police. The emergency services can be dialed free of charge.

USEFUL WORDS AND PHRASES

call (*noun*)	hívás	*heevash*
(*verb*)	telefonálni	*telefonalni*
code	körzethívószám	*kur-rzetheevawssam*
collect call	R-beszélgetés	*er bessaylgetaysh*
crossed line	vonalzavar	*vonulzuvar*
dial (*verb*)	tárcsázni	*tarchazni*
dial tone	tárcsahang	*tarchuh-hung*
directory assistance	tudakozó	*toodukozaw*
extension	mellék	*mellayk*
fire department	tűzoltók	*t-ewzoltawk*
international call	nemzetközi hívás	*nemzetkurzi heevash*
number	szám	*sam*
operator	telefonközpont	*telefonkurzpont*
payphone	perselyes telefon	*persheh-yesh telefon*
phone book	telefonkönyv	*telefonkurn-yuv*

93

police	rendőrség	*rendurshayg*
receiver	kagyló	*kud-yulaw*
telephone	telefon	*telefon*
telephone booth	telefonfülke	*telefonfewlkeh*
wrong number	téves kapcsolás	*tayvesh kupcholash*

Where is the nearest phone booth?
Hol van a legközelebbi telefonfülke?
hol van uh legkurzelebbi telefonfewlkeh

Is there a phone book?
Van telefonkönyvük?
vun telefonkurn-yuvewk

I would like the phone book for . . .
Kérem a . . . körzeti telefonkönyvet
kayrem uh . . . kur-rzeti telefonkurn-yuvet

Can I call abroad from here?
Telefonálhatok innen külföldre?
telefonalhutok inen kewlfurldreh

How much is a call to . . .?
Mennyibe kerül egy hívás . . .-ba?
menn-yibeh kerewl ed-yuh heevash . . .-buh

I would like to make a collect call
Szeretnék egy R-beszélgetést lebonyolítani
seretnayk ed-yuh er-bessaylgetaysht lebon-yoleetuni

I would like a number in . . .
Egy . . .-i telefonszámra lenne szükségem
ed-yuh . . .-i telefonssamruh lenneh sewkshaygem

Hello, this is . . . speaking
Halló, . . . vagyok
hullaw . . . vud-yok

Is that . . .?
. . .-val beszélek?
. . .-vul bessaylek

Speaking
Én vagyok az
ayn vud-yok uz

I would like to speak to . . .
Szeretnék . . .-val beszélni
seretnayk . . .-vul bessaylni

Extension . . ., please
. . .-es számú melléket kérem
. . .-esh samoo mellayket kayrem

Please tell him . . . called
Legyenszives megmondani, hogy . . . hívta
led-yenssivesh megmonduni hod-yuh . . . heevtuh

Ask him to call me back, please
Legyenszives megkérni, hogy hívjon engem vissza
led-yenssivesh megkayrni hod-yuh heev-yon engem vissuh

My number is . . .
A telefonszámon . . .
un telefonssamom . . .

Do you know where he is?
Meg tudná mondani hol van?
meg toodna monduni hol vun

When will he be back?
Mikor várható vissza?
mikor varhutaw vissuh

Could you leave him a message?
Hagyhatnék egy üzenetet?
hud-yuhutnayk ed-yuh ewzenetet

I'll call back later
Visszahívom később
vissuh-heevom kayshurb

Sorry, wrong number
Sajnálom, téves kapcsolás
shuh-yunalom tayvesh kupcholash

THINGS YOU'LL SEE

a hívott fél fizet	collect call
ár	price
azonnali beszélgetés	immediate call
belföldi távhívás	domestic long-distance call
díj	charges
helyi beszélgetés	local call
hibaelhárító szolgálat	repair service
hitelkártyával fizetett beszélgetés	call paid by credit card
igen sürgős beszélgetés	very urgent call
interurbán hívás	long-distance call
kézi kapcsolással	through the operator
körzethívószám	code

→

közvetlen tárcsázás	direct dialing
nem működik	out of order
nemzetközi hívás	international call
R-beszélgetés	collect call
sürgős beszélgetés	urgent call
távbeszélő	telephone (booth)
távhívás	long-distance call
távolsági beszélgetés	long-distance call
telefon	telephone
telefonfülke	telephone booth
telefonközpont	operator
tudakozó	directory assistance
balesetbejelentés	emergency call

THINGS YOU'LL HEAR

Téves számot hívott
You've got the wrong number

Azonnal kapcsolom
I'll put you through immediately

Kivel beszélek?
Who's speaking?

Sajnos a vonal foglalt
Unfortunately the line is busy

Sajnálom, nincs benn
Sorry, he's not in

Valószínüleg . . . órára visszér
He'll probably be back at . . . o'clock

→

Mi az ön telefonszáma?
What is your number?

Tessék holnap újra hívni
Please call again tomorrow

Megmondom, hogy ön kereste
I'll tell him you called

Tessék talán később újra megpróbálni
You might try a little later

HEALTH

Make sure you have medical insurance that covers you for treatment abroad. If you do become ill, go to the district GP (**kőrzeti orvos**) first, who will diagnose your problem and, if necessary, send you to a specialist clinic (**szakrendelő**). Some bigger hospitals and clinics accept outpatients who haven't been referred by a GP—so if you know exactly what you need, you may be able to go directly to one of these. In an emergency, dial 104 for the ambulance service. For dental emergencies go to the **Stomatológiai Intézet**, which provides 24-hour cover in major cities.

Pharmacies (**gyógyszertár** *d-yawd-yussertar* or **patika** *putikuh*) sell medicine only. They are open from 9 AM to 5 PM; but beyond these hours there is a pharmacist on duty in every district—the address can be found on the door of every pharmacy.

Although some medicines may not be available, the medical standard of specialist clinics is fairly high in Hungary and some have even achieved a worldwide reputation. There are about a dozen spa centers around the country where, for the duration of the visit or "cure," there is both resident medical supervision and the luxury of a four-star hotel.

USEFUL WORDS AND PHRASES

accident	baleset	*buleh-shet*
ambulance	mentők	*menturk*
anemic	vérszegény	*vayrssegayn-yuh*
appendicitis	vakbélgyulladás	*vukbayld-yoolludash*
appendix	vakbél	*vukbayl*
aspirin	kalmopyrin	*kulmopirin*
asthma	asztma	*usstmuh*
backache	hátfájás	*hatfa-yash*
bandage	kötszer	*kurt-ser*
(*adhesive, for cut*)	sebtapasz	*shebtupuss*
bite (*by dog*)	harapás	*harupash*
(*by insect*)	csípés	*cheepaysh*

bladder	húgyhólyag	*hood-yuhaw-yug*
blister	hólyag	*haw-yug*
blood	vér	*vayr*
blood donor	véradó	*vayrudaw*
burn	égés	*aygaysh*
cancer	rákbetegség	*rakbetegshayg*
checkup	orvosi kivizsgálás	*orvoshi kivizhgalash*
chest	mellkas	*melkush*
chicken pox	bárányhímlő	*baran-yuheemlur*
cold	megfázás	*megfazash*
concussion	eszméletvesztés	*essmayletvestaysh*
constipation	székrekedés	*saykrekedaysh*
contact lenses	kontaktlencse	*kontuktlencheh*
corn	tyúkszem	*t-yookssem*
cough (*noun*)	köhögés	*kurhurgaysh*
cut	vágás	*vagash*
dentist	fogorvos	*fogorvosh*
diabetes	cukorbetegség	*tsookorbetegshayg*
diarrhea	hasmenés	*hushmenaysh*
dizzy	szédülékeny	*sayd-ewlayken-yuh*
doctor (*female*)	orvosnő, doktornő	*orvoshnur, doktornur*
(*male*)	orvos, doktor	*orvosh, doktor*
earache	fülfájás	*fewlfa-yash*
emergency room	baleseti osztály	*buleh-sheti ossta- yuh*
fever	láz	*laz*
filling	tömés	*turmaysh*
first aid	elsősegély	*elshurshegay*
flu	influenza	*infloo-enzuh*
fracture	törés	*tur-raysh*
German measles	rubeóla	*roobe-awluh*
glasses	szemüveg	*sem-ewveg*
hay fever	szénanátha	*saynunat-huh*
headache	fejfájás	*fayfa-yash*
heart	szív	*seev*
heart attack	infarktus	*infarktoosh*
hemorrhage	vérzés	*vayrzaysh*

hospital	kórház	*kawrhaz*
ill	beteg	*beteg*
indigestion	gyomorrontás	*d-yomorrontash*
injection	injekció	*in-yektsi-aw*
itch	viszketés	*vissketaysh*
kidney	vese	*vesheh*
lump	csomó	*chomaw*
measles	kanyaró	*kun-yuraw*
migraine	migrén	*migrayn*
motion sickness	tengeribetegség	*tengeribeteg-shayg*
mumps	mumsz	*moomss*
nausea	hányinger	*han-yinger*
nurse (*female*)	ápolónő	*apolawnur*
(*male*)	beteggondozó	*beteggondozaw*
operation	operáció	*operatsi-aw*
optician	látszerész	*latsserayss*
pain	fájdalom	*fa-yudulom*
painkiller	fájdalomcsillapító	*fa-yudulom-chillupeetaw*
penicillin	penicillin	*penitsilin*
pharmacy	patika	*putikuh*
plaster of Paris	gipsz	*gips*
pregnant	terhes	*terhesh*
prescription	recept	*retsept*
rheumatism	reuma	*re-oomuh*
scald	leforrázás	*leforrazash*
scratch	vakar	*vukar*
smallpox	hímlő	*heemlur*
sore throat	torokfájás	*torokfa-yash*
spa cures	fürdőkúra	*fewrdurkoora*
splinter	szálka	*salkuh*
sprain	rándulás	*randoolash*
sting	csípés	*cheepaysh*
stomach	gyomor, has	*dyomor, hush*
temperature	hőemelkedés	*hur-emelkedaysh*
tonsils	mandula	*mundooluh*

tonsillitis	mandulagyulladás	*mundoolud-yooludash*
toothache	fogfájás	*fogfa-yash*
ulcer	gyomorfekély	*d-yomorfekay*
vaccination	beoltás	*beoltash*
vomit (*verb*)	hányni	*han-yuni*
whooping cough	szamárköhögés	*sumarkur-hurgaysh*

I have a pain in . . .
Fájdalmat érzek a . . .-ban
fa-yudulmut ayrzek uh . . .-bun

I do not feel well
Rosszul érzem magam
rossool ayrzem mugum

I feel faint
Ájulás kerülget
a-yoolash kerewlget

I feel sick
Hányingerem van
han-yingerem vun

I feel dizzy
Szédülök
sayd-ewlurk

It hurts here
Itt fáj
itt fa-yuh

It's a sharp/dull pain
Éles/tompa fájdalmat érzek
aylesh/tompuh fa-yudulmut ayrzek

It hurts all the time
Egyfolytában fáj
ed-yufo-yutabun fa-yuh

It only hurts now and then
Csak időnként fáj
chuk idurnkaynt fa-yuh

It hurts when you touch it
Fáj ha hozzáér
fa-yuh huh hozza-ayr

It hurts more at night
Éjszaka jobban fáj
ayssukuh yobbun fa-yuh

It stings/aches
Csíp/fáj
cheep/fa-yuh

I have a temperature
Lázam van
lazum vun

I need a prescription for . . .
Szeretnék gyógyszert feliratni . . .-ra
seretnayk d-yawd-yussert felirutni . . .-ruh

I normally take . . .
Rendszerint . . .-t szedek
rend-serint . . .-t sedek

I'm allergic to . . .
Allergiás vagyok a . . .-ra
ullergi-ash vud-yok uh . . .-ruh

Do you have anything for . . .?
Tud valamit adni . . .-ra?
tood vulumit udni . . .-ruh

Do I need a prescription for . . .?
Kell-e . . .-hez orvosi vény?
kelleh . . .-hez orvoshi vayn-yuh

I have lost a filling
Kiesett a tömésem
ki-eshet uh turmayshem

THINGS YOU'LL SEE

elsősegélyhely	first aid clinic
fogorvos	dentist
fogorvosi rendelő	dentist's office
fül-, orr- és gége szakorvos	ear, nose, and throat specialist
gyógyszer	medicine
gyógyszertár	pharmacy
kórház	hospital
körzeti orvosi rendelő	district GP's office
látszerész	optician
mentők	ambulance
orvos	doctor (male)
orvosi rendelő	doctor's office
orvosnő	doctor (female)
patika	pharmacy
recept	prescription
röntgen	X-ray
röntgenosztály	radiology department
szakrendelő	clinic
ügyeletes gyógyszertár	duty pharmacist
vény	prescription
vérnyomás	blood pressure

THINGS YOU'LL HEAR

Vegyen be egyszerre . . . tablettát
Take . . . pills at a time

Vízzel/folyadékkal nyelje le
Swallow it with water/liquid

Rágja meg mielőtt lenyelné
Chew them before swallowing

Szedjen naponta egyszer/kétszer/háromszor . . . tablettát
Take . . . tablets once/twice/three times a day

Csak lefekvés előtt
Only when you go to bed

Mit szokott szedni?
What do you normally take?

Szerintem orvoshoz kell fordulnia
I think you should see a doctor

Sajnos az nálunk nem kapható
I'm sorry, we don't have that

Ahhoz orvosi vényre van szüksége
You need a prescription for that

MINI-DICTIONARY

about: about 16 16 körüli
accelerator gázpedál
accident baleset
accommodations szállás
ache (noun) fájdalom
adaptor (electrical) adapter
address cím
adhesive ragasztó
after után
aftershave arcvíz
again ismét
against ellen
air conditioning légkondícionálás
aircraft repülőgép
air freshener levegőfrissítő
airline légitársaság
airport repülőtér
alarm clock ébresztőóra
alcohol alkohol
all mind
  all the streets az összes utca
  that's all, thanks ez minden
almost majdnem
alone egyedül
already már
always mindig
am: I am vagyok
ambulance mentők
America Amerika
American (man) amerikai férfi
  (woman) amerikai nő
  (adj.) amerikai
and és
ankle boka
anorak anorák
another (different) másik
  (one more) még egy
antifreeze fagyálló
antique shop régiségkereskedés

antiseptic fertőtlenítő
apartment lakás
aperitif aperitif
appetite étvágy
apple alma
application form űrlap
appointment találkozó
  to make an appointment
  találkozót megbeszélni
apricot barack
are: you are van
  (singular familiar) vagy
  (plural) vannak
  (plural familiar) vagytok
  we are vagyunk
  they are vannak
arm kar
art művészet
art gallery képcsarnok
artist művész
as mint
  as soon as possible amint lehet
ashtray hamutartó
asleep: he/she's asleep alszik
at . . .-nál, . . .-nél
  at the post office a postánál
  at the restaurant az étteremnél
  at night éjjel
  at 3 o'clock három órakor
attractive vonzó
aunt nagynéni
Australia Ausztrália
Australian (man) ausztráliai férfi
  (woman) ausztráliai nő
  (adj.) ausztráliai
Austria Ausztria
Austrian (man) osztrák férfi
  (woman) osztrák nő
  (adj.) osztrák

Austro-Hungarian Empire
Osztrák-Magyar Monarchia
automatic automata
away el
is it far away? messze van?
go away! menjen el!
awful borzasztó
ax fejsze
axle tengely

baby kisbaba
baby carriage gyerekkocsi
back *(not front)* hátsó
(body) hát
backpack hátizsák
bacon szalonna
bacon and eggs tükörtojás szalonnával
bad rossz
bait csalétek
bake sütni
baker's pékbolt
balcony erkély
ball *(soccer)* labda
(tennis) tenniszlabda
ballpoint pen golyóstoll
banana banán
band *(musicians)* együttes
bandage kötés
(adhesive, for cut) sebragasz
bank bank
bar bár
coffee bar eszpresszó
sandwich bar büfé
bar of chocolate egy tábla csokoládé
barbecue lacipecsenye
barber borbély
bargain jó vásár
basement pince
basin *(sink)* mosdókagyló
basket kosár
bath fürdő
to take a bath megfürödni
bathing hat fürdősapka

bathroom fürdőszoba
battery *(radio)* elem
(car) akkumulátor
beach strand
beans bab
beard szakáll
because mert
bed ágy
bed linen ágynemű
bedroom hálószoba
beef marhahús
beer sör
before előtt
beginner kezdő
behind mögött
beige bézs
bell *(church)* harang
(door) csengő
below alatt
belt szíj
beside mellett
best legjobb
better jobb
between között
bicycle bicikli
big nagy
bikini bikini
bill számla
(currency) bankjegy
bird madár
birthday születésnap
happy birthday! boldog születésnapot!
birthday present születésnapi ajándék
bite *(verb)* harapni
(noun) harapás
(by insect) csípés
bitter keserű
black fekete
blackberry szeder
blanket takaró
bleach *(verb: hair)* szőkíteni
(noun) szőkítés
blind vak
blister hólyag

blood vér
blouse blúz
blue kék
boat hajó
  (smaller) csónak
body test
Bohemia Csehország
Bohemian (man) cseh férfi
  (woman) cseh nő
  (adj.) cseh
boil (verb) forralni
bolt (verb) elreteszelni
  (noun: on door) retesz
bone csont
book (noun) könyv
  (verb: tickets) megváltani
  (verb: table, room, etc.) lefoglalni
bookstore könyvesbolt
boot (footwear: ankle) bakancs
  (footwear: high) csizma
border határ
boring unalmas
born: I was born in. . . . . .-ban születtem
borrow kölcsönkérni
both mindkettő
  both of them mindketten
  both of us mindkettőnk
  both . . . and . . . mind . . . mind . . .
bottle üveg
bottle opener sörnyitó
bottom (of lake, etc.) fenék
bowl mélytányér
box doboz
boy fiú
boyfriend fiúja
  my boyfriend fiúm
bra melltartó
bracelet karkötő
braces (for teeth) fogszabályozó
brake (noun) fék
  (verb) fékezni
brandy brandy
  (local) pálinka
  (cognac) konyak

bread kenyér
breakdown (car) lerobbanás
  (nervous) idegösszeroppanás
breakfast reggeli
breathe lélegezni
  I can't breathe nem kapok levegőt
bridge híd
briefcase aktatáska
British brit
brochure brosúra
broil (verb) roston sütni
broken eltört
  I've got a broken leg eltört a lábam
  it's broken el van törve
brooch melltű
brother testvér
  (elder) báty
  (younger) öcs
  my elder brother bátyám
brown barna
bruise horzsolás
brush (noun) kefe
  (for paint) ecset
  (verb) lesöpörni
bucket vödör
building épület
Bull's Blood® (wine) Egri Bikavér®
bumper lökhárító
burglar betörő
burn (verb) megégetni
  (noun) égés
bus autóbusz
  (long-distance) távolsági autóbusz
bus station buszmegálló
  (long-distance) távolsági autóbuszállomás
business üzlet
  it's none of your business
  semmi köze hozzá
busy (occupied) elfoglalt
  (bar) forgalmas
but de
butcher's hentesáru
butter vaj
button gomb

buy vásárolni
by: by the window az ablak mellett
  by Friday péntekre
  by myself magamtól

cabbage káposzta
cabinet szekrény
café kávéház
cake sütemény
calculator számológép
call: what's it called? hogy hívják?
  (to make a telephone call) felhívni
camera fényképezőgép
camper lakókocsi
campsite camping
camshaft vezérműtengely
can *(tin)* konzerv
can: can I have . . .? kaphatnék . . .?
  can you . . .? tudna . . .?
  I can't . . . nem tudna . . .
Canada Kanada
Canadian *(man)* kanadai férfi
  (woman) kanadai nő
  (adj.) kanadai
cancer rák
candle gyertya
candy cukorka
canoe kajak
can opener konzervnyitó
cap *(bottle)* kupak
  (hat) sapka
car autó
  (train) vagon
carbonated szénsavas
carburetor karburátor
card kártya
cardigan kardigán
careful óvatos
  be careful! vigyázz!
Carpathian Basin Kárpát-medence
Carpathian Mountains a Kárpátok
carpet szőnyeg
carrot sárgarépa

case *(suitcase)* bőrönd
cash készpénz
  to pay cash készpénzzel fizetni
cassette kazetta
cassette player kazettás magnó
  (personal stereo) sétálómagnó
castle vár
cat macska
cathedral székesegyház
Catholic katolikus
cauliflower karfiol
cave barlang
cemetery temető
center központ
certificate igazolás
chair szék
chamber music kamarazene
change *(noun: money)* aprópénz
  (verb: clothes) átöltözni
  (verb: bus, train) átszállni
  (verb: money) beváltani
check csekk
checkbook csekk-füzet
cheers! egészségére!
cheese sajt
cherry cseresznye
chess sakk
chest mellkas
chewing gum rágógumi
chicken csirke
child gyerek
children gyerekek
china porcelán
chocolate csokoládé
  box of chocolates
    egy doboz csokoládé
chop *(food)* szelet
  (to cut) felszeletelni
church templom
cigar szivar
cigarette cigaretta
cinema mozi
city város

city center városközpont
class osztály
classical music klasszikus zene
clean tiszta
clear *(obvious)* világos
  (water) tiszta
  is that clear? érti?
clever okos
clock óra
close *(near)* közel
  (stuffy) fülledt
  (verb) bezárni
closed zárva
clothes ruha
club klub
  (golf) ütő
  (cards) treff
clutch kuplung
coat kabát
coat hanger *(in cabinet)* vállfa
cockroach svábbogár
coffee kávé
coin érme
cold *(illness)* megfázás
  (adj.) hideg
  I'm cold fázom
collar gallér
collection *(stamps, etc.)* gyűjtemény
color szín
color film színes film
comb *(noun)* fésű
  (verb) fésülni
come jönni
  I come from . . . . . . -i vagyok
  we came last week múlt héten jöttünk
  come here! jöjjön ide!
communism kommunizmus
compartment fülke
complicated bonyolult
computer számítógép
concert koncert
conditioner *(hair)* hajbalzsam
conductor *(bus)* kalauz
  (orchestra) karmester

congratulations! gratulálok!
constipation székrekedés
consulate konzulátus
contact lenses kontaktlencse
contraceptive fogamzásgátló
cook *(noun)* szakács
  (verb) főzni
cookie keksz
  (shortcake) aprósütemény
cooking utensils főzőeszköz
cool hűvös
cork dugó
corkscrew dugóhúzó
corner sarok
corridor folyosó
cosmetics kozmetika
cost *(noun)* költség
  (verb) kerülni
  what does it cost? mennyibe kerül?
cotton pamut
cotton balls vatta
cough *(verb)* köhögni
  (noun) köhögés
cough drops torokcukorka
country *(political)* ország
  (rural) vidék
cousin unokatestvér
  (male: elder) unokabáty
  (male: younger) unokaöcs
  (female: elder) unokanővér
  (female: younger) unokahúg
crab rák
cramp görcs
crayfish *(freshwater)* folyami rák
cream tejszín
  (for skin) krém
credit card hitelkártya
crew személyzet
Croatia Horvátország
Croatian *(man)* horvát férfi
  (woman) horvát nő
  (adj.) horvát
crowded zsúfolt

cruise sétahajózni
crutches mankó
cry *(weep)* sírni
    (shout) kiabálni
cucumber uborka
cuff links mandzsetta
cup csésze
curlers hajcsavaró
curls bodorított haj
curtain függöny
customs *(at airport, etc.)* vám
cut *(noun)* vágás
    (verb) vágni
Czech Republic Csehország
Czech *(man)* cseh férfi
    (woman) cseh nő
    (adj.) cseh

dad apu
dairy *(business)* tejbolt
damp nyirkos
dance *(noun)* bál
    (verb) tánc
dangerous veszélyes
Danube Duna
Danube bend Dunakanyar
dark sötét
daughter lánya
    my daughter lányom
day nap
dead halott
deaf süket
dear *(person)* kedves
    (expensive) drága
deck chair nyugágy
deep mély
deliberately szándékosan
dentist fogorvos
dentures műfogsor
deny tagadni
    I deny it tagadom
deodorant dezodor
department store áruház

departure indulás
develop *(film)* előhívni
diamond *(jewel)* gyémánt
    (cards) káró
diaper pelenka
diarrhea hasmenés
diary napló
dictionary szótár
die meghalni
diesel dízel
different különböző
    that's different az más
    I'd like a different one
    egy másikat szeretnék
difficult nehéz
dining room ebédlő
dirty piszkos
disabled rokkant
dish cloth konyharuha
dish detergent mosogatószer
distributor *(car)* elosztó
dive *(verb)* búvárkodás
diving board ugródeszka
divorced elvált
do csinálni
dock rakpart
doctor doktor
document irat
dog kutya
doll baba
dollar dollár
door ajtó
double room kétágyas szoba
doughnut fánk
down le
downstairs lent
drawing pin rajzszeg
dress ruha
drink *(noun)* ital
    (verb) inni
    would you like a drink?
    meghívhatom egy italra?
drinking water ivóvíz
drive *(verb)* vezetni

driver vezető
driver's license vezetői jogosítvány
driving regulations a kresz
drug store
  (household goods) háztartási bolt
  (cosmetics) illatszerbolt
drunk részeg
dry száraz
dry cleaner vegytisztító
during közben
dust cloth portörlő
duty-free vámmentes

each (every) mindegyik
  twenty forints each húsz forint darabja
ear(s) fül
early kora
  I arrived early korán érkeztem
earrings fülbevaló
east kelet
easy könnyű
eat enni
egg tojás
either: either of them akármelyik
  either . . . or . . . vagy . . . vagy . . .
elastic nyúlékony
elbow könyök
electric elektromos
electricity áram
elevator lift
else: something else másvalami
  someone else másvalaki
  somewhere else máshol
embarrassing kellemetlen
embassy nagykövetség
embroidery hímzés
emerald smaragd
emergency baleset
emergency chain (train) vészjelző
empty üres
end vége
engaged (couple) eljegyzett
engine motor

England Anglia
English (adj.) angol
Englishman angol férfi
Englishwoman angol nő
enlargement nagyítás
enough elég
entertainment szórakozás
entrance bejárat
envelope boríték
eraser radír
escalator mozgólépcső
especially különösképp
evening este
every minden
everyone mindenki
everything minden
everywhere mindenhol
example példa
  for example például
excellent kitűnő
excess baggage poggyásztúlsúly
exchange (verb) beváltani
exchange rate valutaárfolyam
excursion kirándulás
excuse me! (to get attention) legyenszíves!
exit kijárat
expensive drága
extension (telephone) mellék
eye(s) szem
eye drops szemcsepp

face arc
faint (unclear) halvány
  (verb) elájulni
  I feel faint hirtelen elgyengültem
fair (amusement park) vidámpark
  (just) igazságos
  it's not fair ez nem igazságos
false teeth műfogsor
family család
fan (ventilator) ventillátor
  (sports enthusiast) szurkoló
  (music enthusiast) rajongó

fan belt ékszíj
far messze
  how far is . . .?
  milyen messze van . . .?
fare díj
farm gazdaság
farmer gazda
fashion divat
fast gyors
fat (of person) kövér
  (noun: on meat) zsír
father apa
fax fax
feel érezni
  I feel hot melegem van
  I feel like . . . . . .-hez van kedvem
  I don't feel well nem érzem jól magam
feet láb
felt-tip pen filctoll
ferry komp
fever láz
fiancé vőlegény
fiancée menyasszony
field mező
  (agricultural) szántóföld
fig füge
filling (tooth) tömés
film film
filter szűrő
finger ujj
fire tűz
fire extinguisher tűzoltókészülék
fireworks tűzijáték
first első
first aid elsősegély
first floor földszint
first name keresztnév
fish hal
Fishermen's Bastion Halászbástya
fishing horgászás
  to go fishing horgászni
fishing rod horgászbot
fish market halárus
flag zászló

flash (camera) vaku
flashlight zseblámpa
flat (level) lapos
flavor íz
flea bolha
flight repülőjárat
flight attendant (female) légikisasszony
flour liszt
flower virág
flu megfázás
flute fuvola
fly (verb) repülni
  (insect) légy
fog köd
folk art népművészet
folk music népzene
food étel
food poisoning ételmérgezés
foot láb
for . . .-ért
  for money pénzért
  for me értem
  what for? miért?
  for a week egy hétre
foreigner külföldi
forest erdő
fork villa
fountain pen töltőtoll
fourth negyedik
fracture csonttörés
France Franciaország
free szabad
  (no cost) ingyen
freezer mélyhűtő
French fries sült krumpli
friend barát
friendly barátságos
front: in front of . . . . . . előtt
frost fagy
fruit gyümölcs
fruit juice gyümölcslé
fry sütni
frying pan serpenyő
full tele

full: I'm full tele vagyok
full board teljes ellátás
funnel *(for pouring)* tölcsér
funny *(amusing)* vicces
  (odd) furcsa
furniture bútor

garage *(at home)* garázs
  (service station) szervíz
garbage szemét
garbage bag szemeteszsák
garbage can szemétláda
garden kert
garlic fokhagyma
gas benzin
gas-permeable lenses
  oxigénáteresztő lencse
gas station benzinkút
gay *(homosexual)* homoszexuális
gear *(in car)* sebességváltó
gearshift sebváltókar
Gellert Hill Gellérthegy
German *(man)* német férfi
  (woman) német nő
  (adj.) német
Germany Németország
get *(fetch)* elhozni
  have you got . . .?
  van . . .-juk?
get back: we get back tomorrow
  holnapra visszaérünk
  to get something back
  visszakapni valamit
get in bejutni
  (arrive) megérkezni
get out kijutni
get up *(rise)* felkelni
gift ajándék
gin gin
girl lány
girlfriend barátnő
give adni
glad: to be glad örülni

I'm glad örülök
glass üveg
  (to drink) pohár
glasses szemüveg
glossy prints fényes fénykép
gloves kesztyű
glue ragasztó
go menni
  I am going elmegyek
goggles úszószemüveg
gold arany
good jó
  good! nagyszerű!
goodbye viszontlátásra
good day jónapot
government kormány
  (state) állam
granddaughter unokalánya
grandfather nagypapa
grandmother nagymama
grandson unokafia
grapes szőlő
grass fű
gray szürke
Great Britain Nagy-Britannia
Great Plains az Alföld
green zöld
grocer élelmiszerbolt
groundcloth sátorfenék
guarantee *(noun)* garancia
  (verb) garantálni
guard őr
guide book útikönyv
guitar gitár
gun *(rifle)* puska
  (pistol) pisztoly
gypsy cigány
gypsy band cigányzenekar
gypsy music cigányzene

hair haj
haircut hajvágás
hair dryer hajszárító

hairspray hajlakk
hair stylist fodrász
half fél
  half an hour félóra
half board félpanzió
ham sonka
hamburger hamburger
hammer kalapács
hand kéz
handbag retikül
handbrake kézifék
handkerchief zsebkendő
handle *(door)* kilincs
handsome jóképű
hangover: I've got a hangover
  másnapos vagyok
happy boldog
harbor kikötő
hard kemény
  (difficult) nehéz
hard lenses kemény lencse
hardware store vaskereskedés
hat kalap
have: I don't have . . . nekem nincs . . .
  can I have . . .?
  kaphatnék . . .-t?
  do you have . . .?
  van . . .-juk?
  I have to go now
  most mennem kell
hay fever szénanátha
he ő
head fej
headache fejfájás
headlights fényszóró
health spa gyógyfürdőhely
hear hallani
hearing aid hallókészülék
heart szív
heart attack szívroham
heating fűtés
heavy nehéz
heel sarok
hello! jónapot!

help *(noun)* segítség
  (verb) segíteni
  help! segítség!
her: it's her ő az
  it's for her neki szól
  give it to her adja oda neki
  her house az ő háza
  her shoes az ő cipője
  it's hers az övé
here itt
Heroes' Square Hősök Tere
high magas
highway autópálya
hill hegy
him: it's him ő az
  it's for him neki szól
  give it to him
  adja oda neki
his: his house az ő háza
  his shoes az ő cipője
  it's his az övé
history történelem
hitchhike autóstoppolni
hobby hobbi
honest becsületes
honey méz
honeymoon nászút
hood *(car)* motorháztető
horn *(car)* duda
  (animal) szarv
horrible borzalmas
horse ló
horseback riding lovaglás
  to go horseback riding
  lovagolni
hospital kórház
hot forró
hour óra
house ház
how? hogyan?
Hungarian *(man)* magyar férfi
  (woman) magyar nő
  (adj.) magyar
Hungary Magyarország

hungry éhes
  I'm hungry éhes vagyok
hurry *(verb)* sietni
  hurry up! siessen!
  I'm in a hurry sietek
husband férj

I én
ice jég
ice cream fagylalt
ice cube jégkocka
if ha
ignition gyújtás
ill beteg
immediately azonnal
impossible lehetetlen
in . . .-ban, . . .-ben
  in the hotel a szállodában
  in the restaurant az étteremben
  in English angolul
India India
Indian *(man)* indiai férfi
  (woman) indiai nő
  (adj.) indiai
indigestion gyomorrontás
inexpensive olcsó
infection fertőzés
information felvilágosítás
injection injekció
injury sérülés
ink tinta
inner tube belső
insect rovar
insect repellent rovarriasztó
insomnia álmatlanság
insurance biztosítás
interesting érdekes
interpreter tolmács
invitation meghívás
Ireland Írország
Irish *(adj.)* írországi
Irishman ír férfi
Irishwoman ír nő

iron *(metal)* vas
  (for clothes) vasaló
is: he/she is . . . ő van
island sziget
it az
Italy Olaszország
itch *(noun)* viszketés
  it itches viszket

jacket zakó
jam lekvár
jazz dzsessz
jealous féltékeny
jeans farmernadrág
jellyfish medúza
jeweler ékszerész
job állás
jog *(verb)* kocogni
  to go for a jog kocogni menni
jogging suit tréningruha
joke vicc
just *(only)* csak
  (right now) éppen
  it's just arrived éppen most érkezett
  I've just one left éppen csak egy maradt

key kulcs
kidney vese
kilo kiló
kilometer kilométer
kitchen konyha
knee térd
knife kés
knit kötni
know tudni
  I don't know nem tudom

label cimke
lace csipke
laces *(of shoe)* cipőfűző
lake tó

Lake Balaton a Balaton

Lake Neusiedlersee Fertő tó

lamb bárány

lamp lámpa

lampshade lámpaernyő

land (noun) föld
  (verb) leszállni

language nyelv

large nagyméretű

last (final) utolsó
  last week múlt héten
  last month múlt hónapban
  at last! végre!

last name családnév

late: it's getting late későre jár
  the bus is late késik a busz

laugh nevetni

Laundromat önkiszolgáló mosoda

laundry (place) ruhatisztító
  (dirty clothes) szennyes

laundry detergent mosópor

laxative hashajtó

lazy lusta

leaf falevél

leaflet röpcédula

learn tanulni

leather bőr

left (direction) bal
  there's nothing left elfogyott

leg láb

lemon citrom

lemonade limonádé

lend kölcsönadni

length a hossza

lens lencse

less kevesebb

lesson lecke

letter levél

letter carrier postás

lettuce fejes saláta

library könyvtár

license (for fishing , etc.) engedély
  (driver's) jogosítvány

license plate rendszámtábla

life élet

lift: could you give me a lift to . . .?
  el tudna vinni . . .-ig?

light (not heavy) könnyű
  (not dark) világos

light meter fénymérő

lighter öngyújtó

lighter fluid öngyújtógáz

like (verb) szeretni
  I like swimming szeretek úszni
  it's like . . . olyan mint . . .

line (of people, cars, etc.) sor
  (to wait in line) sorbaállni

lip balm szőlőzsír

lipstick rúzs

liqueur likőr

list lista

liter liter

litter hulladék

little (small) kicsi
  it's a little big egy kicsit nagy
  just a little csak egy kicsit

liver máj

lobster homár

lollipop nyalóka

long hosszú
  how long does it take? meddig tart?

lost and found talált tárgyak

lot: a lot sok

loud hangos
  (color) rikító

lounge hall

love (noun) szeretet
  (verb) szeretni

lover szerető

low alacsony

lowland alföld

luck szerencse
  good luck! sok szerencsét!

luggage csomag

luggage rack csomagtartó

luggage storage locker
  csomagmegőrző automata

lunch ebéd

magazine képes folyóirat
maid szobalány
mail (*noun*) posta
  (*verb*) postázni
mailbox levélláda, postaláda
make csinálni
make-up arckifestés
man férfi
manager vezető
map térkép
  a map of Budapest
  egy budapesti térképet
marble márvány
margarine margarin
market piac
marmalade narancslekvár
married (*couple*) házas
  (*of man*) nős
  (*of woman*) férjezett
mascara szempillafesték
mass (*church*) istentisztelet
mast árboc
match (*light*) gyufa
  (*sports*) meccs
material (*cloth*) ruhaanyag
mattress matrac
maybe lehet
me: it's me én vagyok az
  it's for me nekem szól
  give it to me adja ide nekem
meal étkezés
meat hús
mechanic autószerelő
medicine gyógyszer
meeting találkozó
melon sárgadinnye
men's restroom férfi WC
menu étlap
message üzenet
middle közép
  in the middle közepében
midnight éjfél
mile mérföld
milk tej
118

mine: it's mine az enyém
mineral water ásványvíz
minute perc
mirror tükör
Miss kisasszony
  Miss Székely Székely kisasszony
mistake tévedés
  to make a mistake hibát elkövetni
mom anyu
monastery rendház
money pénz
month hónap
monument műemlék
moon hold
moped moped
more több
  some more még
morning reggel
  in the morning délelőtt
mosquito szúnyog
mother anya
motorboat motorcsónak
motorcycle motorkerékpár
mountain hegy
mouse egér
mouth száj
move mozogni
  don't move! ne mozduljon!
  (*house*) elköltözni
movie film
Mr. úr
  Mr. Bartók Bartók úr
Mrs. . . .-né
  Mrs. Szabó Szabóné
  (*formal*) asszony
  Mrs. Smith Smith asszony
Ms. kisasszony
  Ms. Kovács Kovács kisasszony
much: not much nem sok
  much better/slower
  sokkal jobb/lassabban
mug bögre
museum múzeum
mushroom gomba

music zene
musical instrument hangszer
musician zenész
mussels éti kagyló
mustache bajusz
mustard mustár
my: my book könyvem
  my bag táskám
  my keys kulcsom

nail (metal) szög
  (finger) köröm
nailfile körömreszelő
nail polish körömlakk
name név
napkin szalvéta
narrow szűk
near: near the door az ajtóhoz közel
  near New York New Yorkhoz közelében
necessary szükséges
necklace nyaklánc
need (verb) kell
  I need . . . szükségem van
  there's no need nem kell
needle tű
negative (photo) negatív
neither: neither of them egyikük sem
  neither . . . nor . . . sem. . . sem. . .
nephew unokaöcs
never soha
new új
news hír
newspaper újság
newsstand újságos
New Zealand (country) Új Zéland
  (adj.) újzélandi
New Zealander (man) újzélandi férfi
  (woman) újzélandi nő
next következő
  next week jövő héten
  next month a jövő hónapban
  what next? ezután mi lesz?
nice (person) szimpatikus

niece unokahúg
night éjszaka
nightclub éjszakai mulató
nightgown hálóing
night porter éjszakai portás
no (response) nem
  I have no . . . nincs . . .
noisy zajos
noon délben
north észak
Northern Ireland Északírország
nose orr
not nem
notebook jegyzetfüzet
nothing semmi
novel regény
now most
nowhere sehol
nudist nudista
number szám
nurse ápolónő
nut (fruit) dió
  (for bolt) anyacsavar

occasionally időnként
occupied foglalt
office iroda
often gyakran
oil olaj
ointment kenőcs
OK oké
old (person, dog, etc.) öreg
  (inanimate object) régi
olive olajbogyó
omelette omlet
on . . .-on, . . .-en
  on the table az asztalon
  on the chair a széken
one egy
onion hagyma
only csak
open (verb) kinyitni
  (adj.) nyitva

119

opposite szemben
  opposite the hotel
  a szállodával szemben
optician látszerész
orange *(color)* narancsszínű
  (fruit) narancs
orange juice narancslé
orchestra zenekar
ordinary általános
organ szerv
  (music) orgona
our a mi . . .-énk
  it's ours a miénk
out: he's out nincs otthon
outside kint
over *(above)* fölé
  over there odaát, ott

pacifier *(for baby)* cumi
pack of cards kártyapakli
package csomagolás
packet doboz
  a packet of . . . egy doboz . . .
padlock lakat
page oldal
pain fájdalom
paint *(noun)* festék
pair pár
pajamas pizsama
Pakistan Pakisztán
Pakistani *(man)* pakisztáni férfi
  (woman) pakisztáni nő
  (adj.) pakisztáni
palace palota
pale *(face)* sápadt
  (color) halvány
pancakes palacsinta
pants nadrág
pantyhose harisnyanadrág
paper papír
parcel csomag
pardon? tessék?
parents szülők
120

park *(noun)* park
  (verb) parkolni
parking lights index
parsley petrezselyem
party *(celebration)* parti
  (group) csoport
  (political) párt
pass *(driving)* előzni
passenger utas
passport útlevél
pasta tészta
path gyalogösvény
pay fizetni
peach őszibarack
peanuts mogyoró
pear körte
pearl gyöngy
peas zöldborsó
pedestrian gyalogos
pen toll
pencil ceruza
pencil sharpener hegyező
pen pal levélbarát
people emberek
  (nation) nép
pepper *(& salt)* bors
  (red/green) paprika
peppermints mentacukor
per: per night éjszakánként
perfect tökéletes
perfume kölni
perhaps talán
perm dauer
permit engedély
petticoat alsószoknya
pharmacy gyógyszertár
phone book telefonkönyv
photograph *(noun)* fénykép
  (verb) fényképezni
photographer fényképész
phrase book útiszótár
piano zongora
pickpocket zsebtolvaj
picnic piknik

piece darab
pill tabletta
pillow párna
pilot pilóta
pin gombostű
 (clothes) csipesz
pine (tree) fenyőfa
pineapple ananász
pink rózsaszínű
pipe (for smoking) pipa
 (for water) cső
piston dugattyú
pizza pizza
place hely
plant növény
plastic műanyag
plastic bag műanyagzatyor
plate tányér
platform peron
play (theater) színdarab
please (asking) kérem
 (offering) tessék
plug dugó
pocket zseb
pocket knife zsebkés
poison méreg
police rendőrség
police officer rendőr
police station rendőrkapitányság
politics politika
poor szegény
 (bad quality) gyenge minőségű
pop music popzene
pork sertéshús
port (harbor) kikötő
porter (for luggage) hordár
 (hotel) portás
possible lehet
postcard levelezőlap
 (picture) képeslap
poster plakát
post office postahivatal
potato krumpli
potato chips róseibni

poultry szárnyas
pound (money) font
powder por
Prague Prága
prescription recept
pretty (beautiful) szép
 (quite) eléggé
priest pap
private privát
problem probléma
 what's the problem? mi a baj?
Protestant protestáns
public (adj.) nyílvános
 (noun) nyílvánosság
pull húzni
puncture defekt
purple bíbor
purse pénztárca
push tolni

quality minőség
question kérdés
quick gyors
quiet csendes
quite (fairly) eléggé
 (fully) egészen

radiator radiátor
radio rádió
railroad line vasút
rain eső
 it's raining esik
rain boots gumicsizma
raincoat esőkabát
raisins mazsola
rare (uncommon) ritka
 (steak) angolosan
rat patkány
razor blades borotvapenge
read olvasni
reading lamp olvasólámpa
 (bedside) éjjeli lámpa

ready kész
receipt nyugta
receptionist portás
record *(music)* hanglemez
  (sports, etc.) rekord
record player lemezjátszó
record store hanglemezbolt
red piros
refreshments üdítők
refrigerator hűtőszekrény
registered letter ajánlott levél
relative rokon
relax pihenni
religion vallás
remember emlékezni
  I don't remember nem emlékszem
rent *(verb: car, etc.)* bérelni
reservation foglalás
reservation office jegypénztár
rest *(remainder)* maradék
  (relax) pihenni
restaurant étterem
restroom WC
return *(come back)* visszajönni
  (give back) visszaadni
rice rizs
rich gazdag
riding school lovaglóiskola
right *(correct)* helyes
  (direction) jobb
ring *(wedding, etc.)* gyűrű
ripe érett
river folyó
road út
rock *(stone)* szikla
  (music) rock-zene
roll *(bread)* zsemle
Romania Románia
Romanian *(man)* román férfi
  (woman) román nő
  (adj.) román
roof tető
room szoba
  (space) hely

rope kötél
rose rózsa
round *(circular)* köralakú
  it's my round *(to pay)*
    ezt a kört én fizetem
round trip ticket retúrjegy
rowboat evezőscsónak
rubber *(material)* gumi
rubber band gumiszalag
ruby *(stone)* rubin
rug *(mat)* lábtörlő
ruins rom
ruler *(for drawing)* vonalzó
rum rum
run *(hurry)* futni
Russia Oroszország
Russian *(man)* orosz férfi
  (woman) orosz nő
  (adj.) orosz

sad szomorú
safe *(secure)* biztonságos
safety pin biztosítótű
sailboat vitorlás
salad saláta
salami szalámi
sale *(at reduced prices)* leértékelés
salmon lazac
salt só
same: the same dress ugyanaz a ruha
  the same people
    ugyanazok az emberek
  same again, please
    ugyanazt mégegyszer
sand homok
sandals szandál
sandwich szendvics
sanitary napkins intimbetét
sauce szósz
saucepan fazék
sauna szauna
sausage kolbász
  (hot dog) virsli

say mondani
  what did you say? mit mondott?
  how do you say . . .?
  hogy mondják . . .?
scarf sál
  (head) fejkendő
school iskola
scissors olló
Scot *(man)* skót férfi
  (woman) skót nő
Scotland Skócia
Scottish skót
screw csavar
screwdriver csavarhúzó
sea tenger
seafood tengeri hal
seat ülés
seat belt biztonsági öv
second *(of time)* másodperc
  (in series) második
second floor első emelet
see látni
  I can't see . . . nem látom
  I see! értem már!
sell eladni
separate *(adj.)* különálló
separated különélő
Serb *(man)* szerb férfi
  (woman) szerb nő
Serbia Szerbia
Serbian szerb
serious komoly
several több
sew varrni
shampoo sampon
shave *(noun)* borotválkozás
  (verb) megborotválkozni
shaving cream borotvahab
shawl vállkendő
she ő
sheet lepedő
shell kagyló
ship hajó
shirt ing

shoelaces cipőfűző
shoe polish cipőkrém
shoes cipő
shopping vásárlás
  to go shopping bevásárolni
short rövid
shorts rövidnadrág
shoulder váll
shower *(bath)* zuhany
  (rain) zápor
shrimp garnéla rák
  (jumbo shrimp) apró tengeri rák
shutter *(camera)* zár
  (window) redőny
sick *(ill)* beteg
  I feel sick hányingerem van
side *(edge)* széle
  I'm on his/her side
  én az ő oldalán vagyok
sidewalk járda
sights: the sights of . . . . . . látnivalói
silk selyem
silver *(color)* ezüstszínű
  (metal) ezüst
simple egyszerű
sing énekelni
single *(one)* egyetlen
  (unmarried) egyedülálló
single room egyszemélyes szoba
sister lánytestvér
  (younger) húg
  (elder) nővér
skid *(verb)* megcsúszni
skin cleanser arclemosó
skirt szoknya
sky ég
sleep *(noun)* alvás
  (verb) aludni
  to go to sleep lefeküdni
sleeping bag hálózsák
sleeping pill altató
slippers papucs
Slovak *(man)* szlovák férfi
  (woman) szlovák nő

Slovakia Szlovákia
Slovakian szlovák
slow lassú
small kicsi
  (*in height*) alacsony
smell (*noun*) szag
  (*verb*) szagolni
smile (*noun*) mosoly
  (*verb*) mosolyogni
smoke (*noun*) füst
  (*verb*) dohányozni
snack falatozás
snow hó
so: so good olyan jó
  not so much nem annyira
soaking solution (*for contact lenses*)
  tárolófolyadék
soap szappan
soccer futball
soccer ball focilabda
socks zokni
soda water szódavíz
soft drink üdítőital
soft lenses lágy lencse
somebody valaki
somehow valahogy
something valami
sometimes néha
somewhere valahol
son fia
song ének
sorry! pardon!
  I'm sorry sajnálom
soup leves
south dél
South Africa Dél-Afrika
South African dél-afrikai
souvenir szuvenír
Soviet szovjet
Soviet Union Szovjetúnió
spade (*shovel*) ásó
  (*cards*) pikk
Spain Spanyolország
spare parts alkatrész

spark plug gyertya
speak beszélni
  do you speak . . .? beszél . . .?
  I don't speak . . . nem beszélek . . .
speed sebesség
speed limit sebességkorlátozás
speedometer kilométeróra
spider pók
spinach spenót
spoon kanál
sprain rándulás
  I've sprained my ankle
  megrándult a bokám
spring (*mechanical*) rugó
  (*season*) tavasz
stadium stadion
staircase lépcsőház
stairs lépcső
stalactite cave cseppkőbarlang
stamp bélyeg
stapler fűzőgép
star (*in sky*) csillag
  (*movie*) sztár
start (*verb*) kezdeni
station állomás
statue szobor
steak rostélyos szelet
steal lopni
  it's been stolen ellopták
steam (*bath*) gőzfürdő
steering wheel kormánykerék
steppe puszta
sting (*noun*) csípés
  (*verb*) csípni
  it stings csíp
stockings harisnya
stomach has
stomach ache hasfájás
stop (*verb*) megállni
  (*bus stop*) megálló
  stop! stop!
store bolt
storm vihar
strawberry eper

stream (small river) patak
street utca
string (cord) cérna
  (guitar, etc.) húr
stroller (for baby) gyerekkocsi
student diák
stupid hülye
suburbs külváros
subway metró
sugar cukor
suit (noun) öltöny
  (verb) megfelelni
  it suits you jól áll
suitcase bőrönd
sun nap
sunbathe napozni
sunburn leégés
sunglasses napszemüveg
sunny: it's sunny napos az idő
suntan lesülés
suntan lotion napolaj
supermarket élelmiszeráruház
supplement pótdíj
sure biztos
  are you sure? biztos?
suspenders (for pants) nadrágtartó
sweat (noun) izzadtság
  (verb) izzadni
sweater pulóver
sweatshirt tréningruhafelső
sweet (not sour) édes
swimsuit fürdőruha
swimming pool uszoda
swimming trunks fürdőnadrág
switch (noun) kapcsoló
synagogue zsinagóga

table asztal
taillights hátsólámpa
take venni
take off (verb) levenni
takeoff (noun) felszállás
takeout kifőzés

talcum powder hintőpor
talk (noun) beszéd
  (verb) beszélni
tall magas
tampon tampon
tangerine mandarin
tap csap
tape (invisible, adhesive) ragasztószalag
tapestry faliszőnyeg
tea tea
telegram távirat
telephone (noun) telefon
  (verb) telefonálni
telephone booth telefonfülke
telephone call telefonhívás
television televízió
temperature hőmérséklet
  I have a temperature lázam van
tent sátor
tent pole sátorrúd
tent stake sátorcövek
than mint
thank (verb) megköszönni
  thanks köszönöm
  thank you köszönöm szépen
that: that bus az a busz
  that woman az az asszony
  what's that? mi az?
  I think that . . . én azt hiszem . . .
their: their room az ő szobájuk
  their books az ő könyvük
  it's theirs az övék
them: it's them ők azok
  it's for them nekik szól
  give it to them adja oda nekik
then akkor
there ott
  there is/are . . . van/vannak . . .
  is/are there . . .? van/vannak . . .?
thermal baths gyógyfürdő
these: these things ezek a dolgok
  these are mine ezek az enyémek
they ők

125

thick vastag
thin sovány
think gondolni
  I think so én úgy gondolom
  I'll think about it
  majd gondolkozom rajta
third harmadik
thirsty: I'm thirsty szomjas vagyok
this: this bus ez a busz
  this man ez az ember
  what's this? mi ez?
  this is Mr. . . .
  hadd mutassam be . . . urat
those: those things azok a dolgok
  those are his azok az övéi
throat torok
through keresztül
thunderstorm mennydörgéses vihar
ticket jegy
tie (noun) nyakkendő
  (verb) megkötni
time idő
  what's the time?
  mennyi az idő?
timetable menetrend
tip (money) borravaló
  (end) csúcs
tire (on wheel) autógumi
tired fáradt
  I feel tired fáradt vagyok
tissues papírzsebkendő
to . . .-hoz, . . .-hez, . . .-ba, . . .-be
  to the doctor az orvoshoz
  to the police a rendőrséghez
  to America Amerikába
  to Vienna Bécsbe
toast (noun: bread) pirítós
  (verb: drink) tósztot mond
tobacco dohány
today ma
together együtt
toilet paper WC-papír
Tokay® (wine) Tokaji
  (village) Tokaj

tomato paradicsom
tomato juice paradicsomlé
tomorrow holnap
tongue nyelv
tonic tonik
tonight ma éjjel
too (also) szintén
  (excessive) túl
tooth fog
toothache fogfájás
toothbrush fogkefe
toothpaste fogkrém
tour túra
tourist túrista
tourist office túristahivatal
towel törülköző
tower torony
town város
town hall városháza
toy játék
toy store játékbolt
tractor traktor
tradition hagyomány
traffic forgalom
traffic jam forgalmi dugó
traffic lights közlekedési lámpa
trailer utánfutó
train vonat
Transdanubia Dunántúl
translate lefordítani
transmission (for car) áttétel
Transylvania Erdély
Transylvanian (man) erdélyi férfi
  (woman) erdélyi nő
  (adj.) erdélyi
travel agency utazási iroda
traveler's check traveller-csekk
tray tálca
tree fa
trip utazás
truck teherautó
trunk (car) csomagtartó
try megpróbálni
tunnel alagút

rn signal index
veezers csipesz
ypewriter írógép

kraine Ukrajna
krainian (man) ukrán férfi
  (woman) ukrán nő
  (adj.) ukrán
mbrella esernyő
ncle nagybácsi
nder alatt
derpants (for men) alsónadrág
  (for women) bugyi
dershirt atlétatrikó
nderstand megérteni
  I don't understand nem értem
nderwear alsónemű
nited States az Egyesült Államok
niversity egyetem
nmarried (man) nőtlen
  (woman) hajadon
ntil . . .-ig
nusual szokatlan
pward felfelé
s: it's us mi vagyunk
  it's for us nekünk szól
  give it to us adja ide nekünk
se (noun) használat
  (verb) használni
  it's no use fölösleges
seful hasznos
sual szokásos
sually általában

acancy (room) szoba kiadó
acation szabadság
cuum cleaner porszívó
cuum flask termosz
lley völgy
lve szelep
nilla vanília

vase váza
veal borjúhús
vegetable zöldség
vegetable stand zöldségesbolt
vegetarian (person) vegetariánus
vehicle jármű
very nagyon
Vienna Bécs
view kilátás
viewfinder kereső
villa villa
village falu
vinegar ecet
violin hegedű
visa vízum
visit (noun) látogatás
  (verb) meglátogatni
visitor látogató
vitamin pill vitamintabletta
vodka vodka
voice hang

wait várni
waiter pincér
  waiter! pincér!
waiting room várószoba
waitress pincérnő
Wales Wales
walk (noun: stroll) séta
  (verb) sétálni
  to go for a walk kisétálni
wall fal
wallet pénztárca
war háború
wardrobe ruhaszekrény
warm meleg
was: I was voltam
  he/she/it was volt
washing machine mosógép
wasp darázs
watch (noun) karóra
  (verb) figyelni
water víz

waterfall vízesés
wave *(noun)* hullám
  (verb) integetni
we mi
weather időjárás
wedding esküvő
week hét
welcome *(greeting)* istenhozta
  (don't mention it) szóra sem érdemes
Welsh velszi
Welshman velszi férfi
Welshwoman velszi nő
were: we were mi voltunk
  you were ön volt
  (singular familiar) te voltál
  (plural) önök voltak
  (plural familiar) ti voltatok
  they were ők voltak
west nyugat
wet nedves
what? mi?
wheel kerék
wheelchair tolókocsi
when? mikor?
where? hol?
whether vajon
which? melyik?
whiskey whisky
white fehér
who? ki?
why? miért?
wide széles
wife feleség
wind szél
window ablak
windshield szélvédő
wine bor
wine list itallap
wing szárny
with . . .-val, . . .-vel
  with salt sóval
  with breakfast reggelivel
  with milk tejjel
without nélkül
128

woman nő
women's restroom női WC
wood *(material)* fa
wool gyapjú
word szó
work *(noun)* munka
  (verb) dolgozni
worse rosszabb
worst legrosszabb
wrapping paper csomagolópapír
wrench franciakulcs
wrist csukló
writing paper levélpapír
wrong rossz
  you're wrong téved

year év
yellow sárga
yes igen
yesterday tegnap
yet még
  not yet még nem
yogurt joghurt
you ön
  (singular familiar) te
  (plural) önök
  (plural familiar) ti
your: your book az ön könyve
  (familiar) a te könyved
yours: is this yours? ez az öné?
  (familiar) ez a tied?
youth hostel ifjúsági szálló

zipper cipzár
zoo állatkert